LES GRANDES figures DE LA Spiritualité CHRÉTIENNE

CRÉDITS

LE FIGARO

Projet développé par le Figaro
Édité par :
La Société du Figaro
14, bd Haussmann – 75009 Paris – www.lefigaro.fr
Directeur général : Marc Feuillée

Les Presses de la Renaissance
Édi8 – 12, av. d'Italie – 75013 Paris – www.presses-renaissance.fr
Président-directeur général : Vincent Barbare
Directrice éditoriale : Muriel Beyer

Dépôt légal : octobre 2016
Achevé d'imprimer en septembre 2016 sur les presses de l'imprimerie Elcograf S.p.A., via Mondadori 15, Vérone, Italie

ISBN : 978-2-7509-1322-9 (collection)
ISBN : 978-2-7509-1304-5 (volume)

Direction de la collection : Anne Evrard
Responsable projet : Stéphanie de Fonscolombe
Direction industrielle : Marc Tonkovic
Maquette : Nord Compo
Responsable éditoriale : Séverine Courtaud
Direction artistique et couverture : Marie de Lattre
Enregistrement et conception sonore : Deja Production

Jean-Jacques Antier

Charles de Foucauld

1858-1916

Charles de Foucauld

Sommaire

SUR LE CD
TEXTES LUS PAR MICHAEL LONSDALE

Extrait musique *Antiphon Psalm 111*
Kraft der Stille
Bauer Studios, Ludwigsburg

Michael Lonsdale

Comédien français célèbre pour ses grands rôles au cinéma (*Le Nom de la rose, James Bond, Des hommes et des dieux…*), Michael Lonsdale prête sa voix profonde aux textes emblématiques, aussi accessibles qu'incontournables, des grandes figures de la spiritualité chrétienne.
Connu pour sa foi, il nous enchante par cette série de lectures qui ravive l'âme des écrits pour mieux toucher la nôtre.

Préface

Celui qui termina sa vie comme un sarment de vigne, sec et noirci par le soleil du Sahara, commença sa vie d'adulte obèse comme un fût de champagne, qu'il adorait boire sans limites, servi avec du foie gras, qu'il se faisait livrer à compte ouvert, à l'école de cavalerie de Saumur ou… dans les nids de ses maîtresses. Et c'est là, au creux de cette vie dissolue, que ce jouisseur trouva le vide absolu. Seule la fréquentation du Christ, qu'il rencontra de manière fulgurante, étanchera dès lors cette soif d'être. Il la comblera – quel paradoxe ! – par l'un des dépouillements matériels et spirituels les plus radicaux de l'histoire du christianisme.

Ce qui frappe dans cette vie de feu sont les paliers que Charles de Foucauld aura franchis allégrement vers le « toujours plus ». Dans la débauche de sa jeune vie, dans la vie mystique ensuite. À preuve, ce novice dans l'un des ordres les plus durs qui soit, les Trappistes, n'y sera même pas satisfait. Il ira chercher la « dernière place », celle où il savait qu'il imiterait au mieux le Christ, dans le jardin des

Clarisses de Nazareth. Mais ce ne fut pas encore assez. « Je cherche la lumière et je ne la trouve pas », écrit-il sur ses carnets. Vinrent alors le désert et l'ermitage de l'Asekrem, dans le Hoggar. Là, dans le combat spirituel, la prière intense et continue, il réalisera son vœu : « Ma vocation est d'imiter le plus parfaitement possible Notre-Seigneur Jésus dans la vie cachée de Nazareth. »

Ces « paliers » vers le divin ne sont pas si lointains dans le temps. Ils peuvent inspirer toute vie actuelle. Ces accrocs successifs de vie sont également radicaux. La radicalité est une valeur très portée aujourd'hui, souvent pour le pire... Mais jamais Charles de Foucauld, dans sa « folie » pour le Christ comparable à François d'Assise, ne fut un « intégriste ». Son secret, son mystère sont dessinés sur sa bure : sous la forme d'un cœur, surmonté par une croix. Tout comme ils apparaissent, bruts, dans son regard de braise, passionné et aimant : c'est l'amour absolu. Voilà ce qu'il cherchait dans les amours humaines, voilà ce qu'il a trouvé dans l'amour divin.

Loin d'être fou, sinon du Christ, cet officier clinquant et bravache, cet ethnologue dont les travaux sur la civilisation touarègue demeurent, devenu le plus pauvre des moines ermites de son temps, a peut-être tout compris de l'essence de la vie : elle trouve son bonheur seulement noyée dans l'amour le plus profond.

Michael LONSDALE

Le père Charles de Foucauld à Beni Abbès en 1901.

La vie

Les origines familiales

Charles de Foucauld, né à Strasbourg le 15 septembre 1858, orphelin de mère puis de père, confié à 6 ans à ses grands-parents, fut chassé en 1871 de sa terre natale par la guerre franco-allemande. Son enfance déchirée explique les drames de son adolescence et les folies d'un homme jeune et riche qui se croyait tout permis et sombrait vers l'abîme.

Sa mère n'était pas vraiment jolie, mais sa mélancolie attirait l'enfant. Bien née, avec quelques ancêtres roturiers que la Révolution avait enrichis, Élisabeth Beaudet de Morlet s'était tardivement mariée, à 26 ans, avec un homme de 35. Un mystère assombrissait cette vie, comme si Élisabeth, que tout destinait au bonheur, prévoyait les malheurs qui allaient les frapper. Riche, vertueuse, très pieuse, elle évoluait dolente au milieu de ses domestiques, persuadée que la vie n'était qu'une longue épreuve destinée à mériter le ciel.

Avec le père de Charles, on en sait davantage. Le vicomte Édouard de Foucauld végétait dans un emploi de sous-inspecteur des Eaux et Forêts à Strasbourg. Le visage fort, la carrure épaisse, il était beau garçon, séducteur et joyeux lorsqu'il avait épousé Élisabeth en 1855, comme attiré par son contraire. Elle était introvertie et pudique, mélancolique et tendre. Expansif, il avait brûlé sa vie de garçon, ripailles et beuveries distinguées prenant le pas sur le travail. Peu d'études, pas d'argent. Ce fut pourtant un mariage d'amour. Le colonel de Morlet, père d'Élisabeth, n'avait pas résisté aux références aristocratiques du jeune vicomte ; elles plongeaient dans l'histoire de France : un Bertrand de Foucauld croisé, tombé en défendant saint Louis à Mansourah. Un Gabriel de Foucauld délégué par François II pour épouser par procuration la reine Marie Stuart. Un Jean III de Foucauld gouverneur du Périgord, vicomte de Limoges, ami d'Henri IV.

Toutefois, un bémol bousculait ce tableau qui aurait pu tourner la tête au jeune Charles. Son père Édouard était issu de la branche cadette des Foucauld, que la Révolution avait ruinée. C'est pourquoi elle avait échoué en Alsace, dans des emplois honorables mais mal rémunérés de forestiers. La famille était orléaniste, réconciliation opportune de la royauté et du libéralisme républicain.

Le premier enfant d'Édouard et d'Élisabeth était mort en bas âge, sombre présage. Puis Charles était né le 15 septembre 1858, 3, place de Broglie à Strasbourg, dans la maison où, en 1792, Rouget de Lisle avait fait retentir la première *Marseillaise*. Trois ans plus tard naissait Marie, une jolie petite fille, déjà fragile, inquiète. Entre-temps, le père avait été nommé à Wissembourg.

Puis tout s'était dégradé. Ce père, qui s'était empâté, changea brusquement de caractère. Lui si expansif devint neurasthénique, s'enfonçant dans une dépression qui motiva l'arrêt définitif de son travail. L'atmosphère devenant irrespirable à la maison, le malheureux se sépara de sa famille et se réfugia en 1863 chez sa sœur Inès Moitessier (retenez ce nom), rue d'Anjou à Paris. Le docteur Blanche, psychiatre reconnu, ne put que constater le mal, irréversible et incurable, qui entraînait peu à peu le père de Charles dans les abîmes du non-être. Son épouse Élisabeth l'aimait toujours. Au cours d'une de ses visites à Paris, elle commit l'imprudence, dans l'espoir de l'arracher à sa dérive mentale, de se donner une dernière fois à lui. Trois mois plus tard, réfugiée à Strasbourg chez son père le colonel de Morlet, elle mourait à 34 ans des suites d'une fausse couche. À Paris, Édouard la suivit dans la tombe cinq mois plus tard.

On avait confié les deux enfants, Charles et Marie, à leur grand-mère, la vicomtesse Armand de Foucauld. Elle se promenait dans la campagne de son village natal de Mirecourt, en Lorraine, poussant la voiture de Mimi, la petite sœur de Charles, qui courait auprès d'elle. Un jour, un troupeau de vaches furieuses se rua sur eux. Ils purent s'écarter à temps, mais la grand-mère s'effondra soudainement. Dans l'émotion, son cœur avait lâché.

Cette incroyable série de catastrophes familiales frappa les deux enfants. Mimi, 3 ans, se rendit seulement compte que son père, sa mère et ses grands-parents paternels étaient partis à jamais. Charles, 6 ans, ressentit sans violence la perte des siens. Très tôt, il s'interrogea sur ce Dieu qui les avait si cruellement frappés. Et pourtant, une intense piété animait sa mère. Ce n'était pas une piété conventionnelle. Elle aimait cet être mystérieux qu'on ne voyait jamais. Elle avait donné à Charles un petit autel devant lequel il apprenait à prier. Pendant les vacances à Saverne, ils cueillaient ensemble des brassées de fleurs pour les déposer au pied des calvaires. Tout cela était fini à jamais.

Le père d'Élisabeth, 68 ans, avait recueilli les orphelins. Un conseil de famille le nomma tuteur. Personnage distingué et très érudit, ancien polytechnicien, officier du génie, le colonel de Morlet avait dirigé les fortifications de Strasbourg jusqu'en 1856, année de sa retraite. De sa première femme, Élisabeth Laquiante, morte en 1850, il n'avait eu qu'une fille, la mère de Charles. Sa mort le laissait inconsolable. En 1852, il avait épousé en secondes noces Amélie de Latouche, dont il n'avait pas eu d'enfant. Le vieux couple habitait un hôtel particulier rue des Échasses, à Strasbourg. Le colonel adorait ses deux petits-enfants ; il les gâta sans mesure pour leur faire oublier le drame familial.

Charles, sur lequel on redoutait que ne pèse la terrible hérédité paternelle, se referma sur son chagrin.

En apparence, tout allait bien. Bon élève à l'école épiscopale Saint-Arbogast, il se montrait appliqué, travailleur, l'esprit vif. Mais il explosait parfois dans de violentes et inexplicables colères, manière d'extérioriser la sourde douleur refoulée qui le minait. Quatre années passèrent. Son caractère méditatif, introverti, se développa. Il aimait la solitude et se repliait sur lui-même. Son collège ayant fermé, il entra en 1868 en sixième au lycée de Strasbourg. Intelligent, travailleur, sa santé fragile ne lui permettait pas cependant de suivre régulièrement les cours.

Plus jeune que la majorité des élèves, et malgré cela beaucoup plus mûr qu'eux, Charles ne parvenait pas à s'intégrer à sa classe. Il n'avait pas d'amis. Et, parce qu'il en faisait le minimum, juste ce qu'il fallait pour ne pas contrister son grand-père, les professeurs se désintéressèrent de ce gros garçon joufflu et bien élevé qui ne leur cachait pas l'ennui qu'il éprouvait à leurs cours.

La figure lumineuse de Marie Moitessier éclaire son paysage

L'été 1868, une figure lumineuse vint soudain éclairer le paysage de Charles. Elle s'appelait Marie Moitessier. Il avait 10 ans, elle en avait 18. Il rencontra cette cousine au château des Moitessier à Louye, dans l'Eure, imposante et somptueuse demeure entourée d'un parc superbe. Il avait été invité deux mois pour les vacances.

Marie était la fille cadette d'un couple remarquable. Sigismond Moitessier, riche banquier parisien ayant fait fortune dans l'importation des tabacs américains, avait épousé Inès de Foucauld, la tante de Charles, sœur de son père, qui s'était réfugié auprès d'elle lorsqu'il fut frappé de dépression. Intelligente, volontaire et belle – Ingres avait fait deux fois son portrait –, Inès tenait salon dans l'hôtel Moitessier à Paris, au 42, rue d'Anjou. La famille passait l'été à Louye.

Inès prit Charles en amitié. Très généreuse, elle se sentit responsable de ce neveu frappé par le malheur. Perfectionniste et quelque peu autoritaire, elle comptait en faire « quelqu'un de bien ». Le petit Charles la contemplait, fasciné. Inès représentait pour lui la mère idéale qu'il avait perdue ; la douce Marie, de huit ans son aînée, lui semblait autrement accessible. Elle devint pour lui comme une seconde mère.

De taille menue mais de noblesse naturelle, Marie Moitessier était une brune aux yeux de jais, tour à tour discrète, impérieuse ou tendre, réservée ou audacieuse, selon les circonstances. Elle n'était pas vraiment jolie comme sa mère, mais sa grâce et la profondeur de son regard attiraient. Intelligente et curieuse, elle aimait la nature et la musique. Cette âme contemplative cachait sous une timidité apparente une volonté de fer, et de bien faire, où l'on retrouvait la marque d'Inès.

Entre ces deux femmes si différentes, la mère et la fille, Charles se sentait enfin apaisé dans ce somptueux château plein de domestiques, où l'on recevait des ministres. Il se plaisait dans ce monde de femmes. Entre deux tasses de thé, on écoutait la pieuse histoire de l'abbé de Rancé, dont la tombe se trouvait non loin, à Mortagne, ainsi que sa fameuse Trappe de Soligny. Rancé, ce libertin converti avait achevé sa vie dans l'ascèse et réformé les Cisterciens.

Plus tard, Charles de Foucauld évoquera « cette famille Moitessier, objet de l'attachement passionné de mes jeunes années ». Elle symbolisa pour lui ce mélange contradictoire du beau et du bien, de la vertu et de la richesse. Mais il n'était pas choqué de côtoyer richesse et foi, car la belle Inès était sincère et généreuse. Sa foi n'était pas factice. Elle donnait sans mesure. Et sa fille Marie faisait de même.

Comment expliquer cette attraction mutuelle qui allait lier ce petit garçon de 10 ans et cette jeune fille qui en comptait 18 ? Elle devint à la fois sa sœur et sa mère, avec quelque chose en plus de troublant. Auprès d'elle, il éprouva un sentiment de plénitude qu'il n'avait encore jamais ressenti. L'admirant, il se nourrit de sa pensée, l'observant et la suivant partout. Elle le devinait sans qu'il s'exprime, l'apprivoisant par le don pur de son cœur.

Peut-on parler d'amour ? Pour elle, Charles était encore un enfant. Mais elle demeurait troublée par cette fascination qu'elle lisait dans son regard et l'expression naïve et pure de ce premier amour. Ils se plaisaient ensemble. Alors que l'altière Inès planait sur des sommets, Marie entrait dans le mystère de cette jeune vie saccagée par le drame familial. Elle seule comprenait ce caractère secret et passionné. Ils se promenaient dans l'immense parc. Avec ravissement, il l'écoutait chanter au piano. Elle le guidait dans ses premières lectures et lui apprenait l'italien. Tendre avec lui, elle savait l'écouter. Contrairement à Inès, elle ne lui faisait jamais la morale. Elle était très pieuse, on peut même dire mystique. Sa religion – son rapport avec Dieu – n'était pas un formalisme. Avec ferveur, elle assistait chaque matin à la messe en l'église rurale de Louye et Charles l'y suivait. Insensiblement, mais avec force, elle lui communiquait sa dévotion au Sacré-Cœur, qui aurait plus tard une influence décisive dans sa vie.

À sa place, beaucoup de jeunes garçons auraient préféré accompagner l'oncle à la chasse plutôt que la cousine à la messe ! Il sera bientôt fasciné par Marie en tant que femme, découvrant aussi à travers elle le mystère du monde surnaturel. Pour Charles, l'amour demeura à jamais lié à la souffrance. Cette révélation entrait en lui, elle allait s'enfouir comme le grain de blé tombé en terre. Ce grain mûrira-t-il ? Pour le moment, rien n'était moins sûr.

Après ces deux mois enchanteurs de l'été, Charles retourna à Strasbourg, sous le contrôle du colonel de Morlet. La névrose qui le rongeait de l'intérieur s'emparait à nouveau de lui, s'exprimant par de brusques accès de colère incontrôlables. Vulnérable et susceptible, cet enfant qui tentait d'échapper à un sort funeste devenait impatient et batailleur. Comment expliquer que l'indulgence de son grand-père ait nourri à ce point son agressivité ? Le colonel et sa femme étaient bons, généreux et affectueux avec lui, conscients de leur énorme responsabilité.

Un mot révélateur qu'exprimera plus tard le cousin Latouche à propos du colonel en dit plus long qu'un discours : « Sa bonté n'a d'égale qu'une excessive faiblesse. Sous une direction moins sénile, cet enfant admirablement doué, d'une intelligence d'élite, au cœur d'or, eût pu devenir un homme remarquable. »

Avec les Morlet, le petit Charles se sentait aimé, mais pas soutenu. Il ne trouvait pas auprès d'eux, comme d'Inès et de Marie Moitessier, des maîtres forts. Le colonel demeurait auprès de lui sans autorité, non par faiblesse de caractère – il en avait –, mais parce que sa rigueur morale était plus conventionnelle que vécue.

La France est envahie

Charles n'eut pas le loisir d'aller à Louye un troisième été, en 1870. Napoléon III déclara imprudemment la guerre à la Prusse. C'était jouer le jeu de Bismarck, lui donner l'occasion de réaliser l'unité allemande et d'étendre ses frontières. Inconscients, les Français furent dans l'ensemble favorables à cette guerre. Et Charles, du haut de ses 12 ans, ne fut pas le dernier. À son cousin Adolphe Hallez, officier de marine, il écrivit : « Enfin bon-papa verra probablement ses fortifications servir à quelque chose. Moi, je voudrais bien aussi tuer des Prussiens. »

Mais « bon-papa » ne se faisait pas d'illusion. Hostile à l'Empire, le colonel de Morlet pressentait le drame. C'est pourquoi il quitta Strasbourg avec les siens pour s'installer à Rennes. La suite confirma son pessimisme. Le canon allemand était meilleur que le français et les soldats prussiens deux fois plus nombreux que ceux de l'Hexagone. L'armée française d'Alsace fut enfoncée. Lâché par Bazaine, Napoléon III fut écrasé à Sedan et capitula. C'était la fin de l'Empire.

Mais la France refusa de se rendre. Elle fut alors envahie et occupée. Les Morlet n'attendirent pas les casques à pointe. Ils se réfugièrent à Berne. Le petit Charles, lui, trépignait d'indignation, en écrivant à Adolphe Hallez le 11 octobre 1870 : « J'aimerais aller t'aider à tuer des Prussiens. Cette besogne-là me sourirait plus en ce moment que mon latin et mon grec. »

Il n'en eut pas l'occasion. Paris tomba le 28 janvier 1871 et Bismarck imposa sa paix brutale et humiliante. L'Alsace et une partie de la Lorraine devinrent provinces allemandes et leurs habitants furent sommés de partir s'ils voulaient rester français. C'est l'option que prirent le colonel et sa femme. Conservant leurs biens, ils s'installèrent à Nancy (qui ne serait pas annexé), dans un hôtel particulier, au 5, rue du Manège. Un quartier ancien, un vieil immeuble triste. Cet hôtel de Rozières au sol de marbre comptait trois pièces de réception au rez-de-chaussée, quatre chambres au premier, le tout donnant sur une cour plantée de sycomores. Un reste de grandeur… Le petit Charles suivait en trépignant.

Charles au lycée de Nancy

En octobre 1871, Charles entra en troisième au lycée de Nancy. L'ambiance y était déprimante, la défaite durement ressentie. On regardait avec haine les troupes allemandes d'occupation parader dans la ville. Comme Charles, la plupart des élèves venaient d'Alsace et de Lorraine et avaient confirmé avec passion leur nationalité française. On ne songeait qu'à la revanche.

Charles se montrait bon élève. Il aimait ses professeurs, parmi lesquels Antoine Duvaux, un ardent républicain qui deviendra en 1882 ministre de l'Instruction publique, à la suite de Jules Ferry dont il sera le sous-secrétaire d'État. Peu d'amis, parmi lesquels Gabriel Tourdes, dont le père était le doyen de la faculté de médecine de Nancy.

Grâce à Tourdes, aussi passionné que lui par les livres, Charles s'épanouit peu à peu et se sentit moins seul. C'était encore, à 13 ans, un petit garçon rond et joufflu, introverti mais curieux de tout. Il fit avec ferveur sa première communion le 18 avril 1872, et fut confirmé par l'évêque de Nancy, Mgr Foulon, futur cardinal. Fidèle au souvenir enchanté de Marie Moitessier – et à la dévotion de l'époque –, il choisit comme souvenir une image du Sacré-Cœur. Marie vint de Paris pour la cérémonie, ce qui lui fut un bonheur. Elle lui offrit les *Élévations à Dieu sur tous les mystères de la religion chrétienne* de Bossuet.

Charles de Foucauld à 14 ans, en 1872,
au lycée de Nancy.
Collection particulière © DR

Il perd la foi

Mais son intérêt demeurait ailleurs. Il participa à l'allégresse des Français au départ des Allemands, suivi de l'arrivée des troupes françaises dans Nancy pavoisée. Mais Strasbourg, sa ville natale, demeurait annexé, et ce dard restait planté dans sa chair à côté de la plaie ouverte de la mort tragique de ses parents. Comment se recomposer à travers tant de drames ?

Le temps s'écoulait, avec ses passions et ses misères. Charles entrait dans la période dangereuse de l'adolescence. À 15 ans, très en avance sur son âge, il se plongeait de plus en plus dans les livres. Il s'entendait bien avec son grand-père, qui lui laissait faire « n'importe quoi », affirmèrent de pieuses gens, c'est-à-dire – on est au XIXe siècle dans une famille de l'aristocratie – lire tout ce qu'il voulait. Et ce n'était pas Bossuet ! Son goût penchait plutôt vers les textes classiques jugés licencieux par les personnes bien-pensantes de l'époque. Entre Aristophane et La Fontaine, il découvrit avec volupté un art de vivre opposé au christianisme pur et dur, doloriste, qui s'imposait alors dans son milieu, sauf chez les Morlet. Ses professeurs du lycée n'allaient pas contrarier ce penchant libéral et humaniste. Honnêtes, compétents, mais athées, ils s'intéressaient plus à la forme, à la beauté du texte classique, qu'à son fond, dont ils ignoraient la subtile et vénéneuse décadence.

En octobre 1873, Charles, âgé de 15 ans, entra en rhétorique. L'évolution rationaliste de son esprit s'accéléra. Il perdait insensiblement la foi. Mais pourquoi la perd-on ? Grave question à laquelle personne n'a jamais répondu. Dieu crée l'homme comme la mer avec la plage, en se retirant. S'il ne se retire pas, la plage ne peut apparaître. Tel ne sera pas l'avis des biographes de Charles de Foucauld. On mit ce malheur sur le compte de ses lectures, et de la stricte neutralité de ses maîtres laïques. D'abord, il douta. Ce qui est logique, puisque les auteurs profanes se contredisent. Et même les auteurs religieux. Il suffit de compter les diverses religions et les hérésies qui divisent les croyants. Donc rien n'est sûr ; on ne peut rien prouver. La raison humaine est incapable d'atteindre la vérité. Cette époque était travaillée par le positivisme et certaines élites obéissaient au mot d'ordre du philosophe Auguste Comte : subtiliser partout le relatif à l'absolu. S'ouvrait une cassure manichéenne : chez les uns, la foi aveugle ; chez les autres, l'athéisme, par refus du dogme imposé par la tradition. L'époque penchait vers l'athéisme. Renan, Littré et Auguste Comte s'imposaient à une certaine élite au pouvoir. Scientisme, anticléricalisme et laïcisme étaient à la mode.

Chez Charles, ce n'est pas encore de l'athéisme. Pour lui, « Dieu » reste par essence inconnaissable. Comment adhérer à ce qu'on ne connaît pas, lorsque la tradition ne suffit plus et que l'illumination tarde à venir ? N'a-t-il donc aucun guide spirituel ? On peut s'étonner que le colonel de Morlet et sa femme, catholiques pratiquants, ne le soutiennent pas. Sans doute ne le leur demande-t-il pas. Il n'y eut pas chez Charles lutte, interrogation. « Dieu » se retira de lui doucement, sans bruit, comme la mer descendante. La douce Marie elle-même, si mystique, et sa mère, l'impétueuse Inès, si sûre d'elle, ne l'empêcheront pas de perdre la foi. En dehors de l'été, il vit d'ailleurs loin d'elles et Marie va se marier. Quant à son aumônier de lycée, l'abbé Blanc, il ne l'intéresse pas. Charles a-t-il seulement lu son livre, *Le Christianisme intégral ou la vérité catholique démontrée aux jeunes gens*, dont le moins que l'on puisse dire est qu'il est « touffu et aride, terne et rébarbatif » (Mgr Jacqueline) ? De toute évidence, Charles préférait Voltaire, Rousseau et Montesquieu à Bossuet, Pascal et Lacordaire.

Va-t-il tomber pour autant dans un athéisme, ou un anticléricalisme militant ? Ce serait contraire aux principes qu'il tirait des maîtres du scepticisme. Être athée militant, c'est aussi prétendre à une certitude, à un dogmatisme.

Lui-même, qu'en pensait-il ? « Les philosophes sont tous en désaccord. Je demeurai douze ans sans rien nier et sans rien croire, désespérant de la vérité, ne croyant même pas en Dieu. Aucune preuve ne me paraissait évidente. »

En 1874 – l'année de sa classe de philosophie –, élève des Jésuites de Paris, la perte de la foi sera consommée. Il a 17 ans et se sait l'héritier d'une immense fortune.

Faire carrière dans l'armée

Charles acheva de bonnes études secondaires classiques. Qu'allait-il faire de sa vie ? Depuis son enfance, il voulait être officier. Le colonel de Morlet souhaitait qu'il passât d'abord, comme lui, par l'École polytechnique. Mais Charles n'était pas doué pour les mathématiques, et Saint-Cyr, dont le concours d'entrée exigeait moins de travail, lui parut suffisant. Dans quatre ans, il prendrait possession de son héritage. Il ne s'inquiétait donc pas de l'avenir, qu'il envisageait selon ses goûts. Pourquoi se donner du mal avec des études ennuyeuses ? Sa seule ambition était de jouir honnêtement de la vie. À noter qu'il possédait une bonne mémoire et une grande facilité pour les études.

Ayant obtenu le 12 août 1874 son premier baccalauréat avec dispense d'âge et mention « assez bien », Charles quitta Nancy pour Paris, une initiative imprudente du colonel de Morlet. Le voici, à 16 ans, interne chez les Jésuites de la rue des Postes (aujourd'hui rue Lhomond), la célèbre école Sainte-Geneviève.

Nous ouvrons ici une parenthèse. Qu'en est-il de sa foi, de sa vie spirituelle ? Les bons pères vont-ils le récupérer, le rattraper sur la pente où il glisse ? Charles a trop de personnalité pour ne pas aller jusqu'au bout de son expérience. Dieu s'est retiré de lui. Charles n'est pas de ceux qui, par conformisme ou intérêt, demeurent ancrés dans la religion par simple fidélité à une tradition familiale. Le goût de la liberté le taraude. À l'école Sainte-Geneviève, aucun théologien ne pourra lui faire admettre certaines vérités dogmatiques, comme le mystère de la Trinité. Non seulement il finit par perdre complètement la foi, mais, au grand scandale des bons pères, il cesse toute pratique religieuse. Pas plus que l'aumônier de Nancy, les Jésuites de Paris, pour lesquels il conservera « une très profonde estime », ne l'empêcheront de perdre la foi.

Il faut dire que les bons pères n'y allaient pas de main morte. D'externe au lycée de Nancy, l'enfant choyé des Morlet se retrouva interne dans ce sévère collège qui avait à cœur de former une élite, et éventuellement de mâter les jeunes récalcitrants. Lever à 4 h 40. Messe quotidienne obligatoire. Discipline rigoureuse, travail intellectuel insuffisamment compensé par de rares récréations, et pratiquement pas de sortie. Nourriture frugale. Pour lui, c'était l'enfer.

Et les pères restaient sourds à sa détresse. Pour eux, ce petit aristocrate trop gras était décadent, il fallait le « décaper » en lui imposant, avec la grâce de Dieu, une vie ascétique. En vain. Ayant perdu la foi, il se rebiffa contre les exercices religieux : messe, vêpres, offices, confessions, récollections. Ses maîtres tentèrent de le ramener à des sentiments plus « catholiques », mais comment raisonner un adolescent révolté qui exigeait « des preuves scientifiques de la Résurrection » ?

Ses protestations étant irrecevables, il s'épancha en lettres pathétiques auprès de son grand-père, le suppliant de le rappeler à Nancy. En vain. Très vite, le fossé se creusa. Charles ne devint pas un athée militant ; la religion ne l'intéressait pas. Il s'afficha ouvertement « libre penseur », mot à la mode. Et puisque son tuteur persistait à lui imposer cet internat parisien, il rompit tout dialogue avec les Jésuites. La théologie ne le révoltait même plus. Il la trouvait assommante, comme la messe.

En août 1875, il obtint tout de même son second baccalauréat, avec une note brillante en histoire. On l'avait interrogé sur la conquête de l'Algérie ! Il brilla aussi en géographie. Au cours des vacances d'été à Nancy, il supplia son tuteur de « l'arracher à cet enfer ». Le colonel s'y refusa, scandalisé que l'adolescent révolté pût demander de quitter un internat aussi réputé.

Charles réintégra donc le collège parisien en octobre, pour l'année de préparation à Saint-Cyr. L'épreuve de force avec les bons pères reprit de plus belle. Une explosion semblait inévitable. Il commença à se débaucher, jetant aux orties la vieille menace de l'enfer auquel on le vouait. Menace vaine, puisqu'il ne croyait pas à l'enfer.

De guerre lasse, les Jésuites décidèrent alors de se défaire de lui. N'osant invoquer la débauche, ils avancèrent la paresse. Argument maladroit, cachant l'embarras de ses maîtres qui cherchaient un prétexte moins déshonorant. Évidemment, il n'avait jamais été paresseux, puisqu'il était en tout suractif. Alors allaient-ils utiliser le terme de « vicieux » ? Avec quelle signification ? Qu'il était tourmenté par la chair. Qu'il ne savait pas s'en cacher, comme ses autres camarades. À la limite, par esprit de provocation, il s'en vantait, signant dans ses lettres : « Ch. de F., nu, nue, nu. »

Si l'on se réfère à sa confession de 1892, il avouera : « À 17 ans, j'étais tout égoïsme, tout vanité, tout impiété, tout désir du mal. J'étais comme affolé. » On ne saurait être plus clair. Affolé, parce qu'enfermé. Donc, révolté. La mainmise morale des Jésuites lui était intolérable : confession obligatoire (donc hypocrisie ou révolte), directeur de conscience imposé, comme la piété, de quoi vous dégoûter pour la vie de la vraie religion.

Essayons à nouveau de comprendre. Il est intelligent, cultivé, il jouit d'une mémoire au-dessus de la moyenne. Tôt orphelin, il demeure fragilisé par les drames de son enfance. Il n'a pas encore forgé, ou plutôt discipliné son caractère, car il en a. Il n'est pas paresseux, et pas plus « vicieux » qu'un autre garçon célibataire de son âge. Il perd la foi, c'est-à-dire, après la famille, ses derniers repères. A-t-il vraiment une vocation militaire ? Il ne se passionne guère pour la chose, il la déclare même ennuyeuse. Mais il y a eu l'invasion prussienne, l'humiliante défaite et l'annexion de son ancienne province. Il a vécu cela dans sa chair ; sa sensibilité patriotique est exacerbée, comme celle de tous les Français. Cette foi patriotique occupe le vide grandissant que laisse dans son cœur le retrait de Dieu. Sa préparation à Saint-Cyr est malgré tout correcte. Il déteste l'internat. Plus tard, il écrira à Henry de Castries : « Je vivais comme on peut vivre quand la dernière étincelle de foi est éteinte. » Tout est dit dans cette phrase tragique, à laquelle s'ajoute la conclusion : « Je m'ennuie infiniment. » Toutefois, il ronge son frein, en songeant à l'énorme pactole dont il compte bientôt, et légitimement, profiter.

On évita le scandale. En mars 1876, en pleine année scolaire, les Jésuites renvoyèrent à Nancy ce sujet rebelle, au motif avoué : « Paresse et indiscipline. »

Il rentra à Nancy soulagé, heureux d'y retrouver les Morlet. Le colonel, profondément choqué mais résigné, lui donna un précepteur pour qu'il achevât sa préparation au concours de Saint-Cyr. Charles n'apprécia pas trop ce jeune M. Dumont, 21 ans. « Il ne sait pas grand-chose, confiera-t-il à son grand-père. Il est *ordinaire*. »

Comment le nouveau Charles fut-il accueilli par sa famille ? Lui si franc, il cacha la perte de sa foi. Non seulement au colonel et à Mme Morlet, mais encore à Marie de Bondy et à Mimi, la petite sœur si tendrement aimée. Il ne voulut pas leur faire de peine.

Croyant avoir retrouvé la liberté, il se demanda ce qu'il allait en faire. « Mon vieux Tourdes, écrit-il à son ami, je compte sur toi tous les soirs. Je compte y jouir d'une façon complète de ce qui est agréable au corps et à l'esprit. » Et de se référer à tous ces romanciers mondains : Bourget, Barrès, Loti. Sans parler des *Poésies légères* et du *Candide* de Voltaire, idole de la bourgeoisie anticléricale, et des *Lettres persanes* de Montesquieu, dont les bien-pensants disaient qu'il était plus dangereux qu'un athée. Tous les héros dont il s'était régalé en cachette y passaient : Scarron, pourfendeur de la chevalerie, esthète de la joie de vivre et de l'élégance ; le truculent Rabelais, critique cocasse de la vie monastique, défenseur d'un scepticisme joyeux, d'un matérialisme débarrassé d'un Dieu moralisateur et doloriste, sur fond de ripaille et de gauloiserie érotique ; Érasme, pourfendeur de la noblesse et du clergé dépravé ; Mérimée, qu'il qualifie de « premier auteur du siècle », libéral conservateur qui professait la tolérance et le libertinage.

Qui encore ? Charles se retrouvait entièrement en ce M. de La Fontaine, dont on a oublié qu'il fut un grand libertin porté à la volupté autant qu'à la nature : « J'aime le jeu, l'amour, les livres, la musique et la campagne, enfin tout. » Oui, comme Charles se reconnaît en ce La Fontaine, affamé de tout, mais aussi de solitude et d'intériorité, mises à toutes les sauces : « Pour vous mieux contempler, demeurez au désert ; régnez au désert sur vous-même. Le véritable plaisir de jouir de soi se trouve dans la solitude. » On ne soulignera jamais assez l'horreur de Charles de Foucauld pour les dortoirs et les classes des internats scolaires, des casernes et des couvents.

Et de conclure en arrivant à Nancy : « J'étais si libre, si jeune. De foi, il ne restait pas trace dans mon âme. »

Vraiment ? Il gardait au fond de son cœur la nostalgie du Christ et celle de ce paradis de l'enfance, celui de la foi et de la certitude ; de la tendresse, puisqu'il restait viscéralement attaché à sa famille : sa sœur si fragile, son grand-père si indulgent et son épouse si attentive. De tous, il se sentait aimé, sinon approuvé ; il restait pour eux « l'enfant de la prière muette ». Cela suffirait-il à sauver cet adolescent que la liberté et la fortune bientôt disponible allaient exposer à tous les périls ?

En juin 1876, Charles fut reçu au concours d'entrée à l'École spéciale militaire de Saint-Cyr, quatre-vingt-deuxième sur quatre cent douze admis ; et l'un des plus jeunes : 18 ans. Pour un élève « paresseux », ce n'était pas mal. Il y avait mis tout son cœur pour faire plaisir au colonel, faire oublier l'année scabreuse chez les Jésuites.

Et Morlet, rassuré, vibrait de fierté : « Quel bel officier il va faire ! »

Le colonel commit une nouvelle faute : avec l'approbation du conseil de famille, il émancipa Charles qui, à 18 ans, devint légalement majeur. Il allait jouir de sa fortune, gérée à Nancy par un homme d'affaires qui lui fournira une énorme rente mensuelle, de quoi satisfaire tous ses désirs, qui étaient insatiables.

À Saint-Cyr

En octobre 1876, héritier d'une grande fortune, Charles entra à l'école militaire de Saint-Cyr, à l'ouest de Paris, pour y faire carrière dans l'armée, comme son tuteur le colonel de Morlet.

Au début, tout allait bien. Régnait à l'école un esprit de revanche, auquel il adhéra sans réserve. Fier de cette promotion Plewna, il tenta d'entrer dans « l'esprit de Cyr ». Mais ce n'était pas une école de demoiselle. Il y régnait un militarisme ardent qu'il ne partageait pas. La discipline se révélait plus sévère que celle des Jésuites ! Nuit en dortoir, lever à 5 heures, exercices épuisants : équitation, gymnastique, escrime, marches. Charles détestait le sport et tout ce qui est violent.

En fait de « travaux intellectuels », cet intuitif, artiste et littéraire reçut en partage « art militaire » et autre stratégie de capitaine. Topographie, artillerie, plans cotés, balistique. Un emploi du temps si serré qu'il avait dû négliger ses chers auteurs grecs et latins.

Naturellement, il ne s'intégrait pas à l'esprit de Cyr. Les autres le regardaient avec méfiance, pire avec mépris. Il était différent, au physique comme au moral. Il n'avait vraiment rien de militaire, ce gros garçon de 18 ans au corps empâté, au visage gras, aux yeux brun foncé que la colère ou la passion illuminaient parfois. Il tenta de comprendre. Pourquoi le méprisait-on, lui de si noble race et si riche ? À cause de sa petite taille ? Pas vraiment. Mou et ventripotent, il était l'antithèse du brillant officier sortant de Cyr.

D'ailleurs, il avait fait scandale à son arrivée. Le médecin militaire avait failli le refouler, au simple motif d'obésité précoce, résultat des dernières vacances en famille, où l'on avait toujours peur de le voir s'approcher de la table des enfants, car en quelques minutes il engloutissait tous les gâteaux.

Maladroit, il demeurait un « cosaque ». Que faisait-il à Cyr ? Son patriotisme exacerbé par l'occupation de sa ville natale ne suffisait plus à lui donner cet esprit militaire que les autres cultivaient. Certes, il comptait se battre pour chasser les Prussiens d'Alsace-Lorraine, et que voyait-il à Cyr, prestigieuse école des futurs officiers appelés à donner la victoire – la revanche – à la France ? Un concentré insipide de bahut et de caserne où l'on compilait d'ingrats traités sur les fortifications ! L'esprit militaire ne lui servit bientôt plus de ressort.

L'ennui se mit à le ronger. Cependant, grâce à une mémoire exceptionnelle et à une facilité peu ordinaire de compréhension, il absorbait le programme en se jouant. Il lui suffisait de jeter un regard négligent et hâtif sur le cours, il avait déjà tout compris, tout assimilé, tout retenu !

Charles de Foucauld en saint-cyrien, 1876.

Ainsi Charles réussit-il avec désinvolture sa première année de Saint-Cyr, plutôt bien classé, ce qui lui permettrait de choisir la cavalerie, le corps d'élite. Il se remit à espérer. Il passerait ses vacances à Nancy, à se gorger des lectures qui l'intéressaient : Salluste, Horace, Érasme !

En octobre 1877, il réintégra Saint-Cyr pour y purger la deuxième année réglementaire, ce qui lui permit de comparer la vraie littérature aux « infâmes ouvrages de fortifications, artillerie », et tout ce qui sentait la barbarie.

À quoi, à qui rêvait-il ? « Ah ! si je pouvais avoir dix ans de plus ! Je ne serais probablement plus au service, je commencerais une vie de vieux garçon, seul à la campagne dans quelque maisonnette. » Puis il hésitait : « C'est bien bon d'être libre et tranquille, mais c'est dur d'être seul. Et c'est pourtant à cela que je suis nécessairement condamné. »

Qu'en savait-il ? Pressentiment ? Le 3 février 1878 mourrait le colonel de Morlet, son tuteur et ami, l'homme qui avait remplacé son père. Il en éprouva un immense chagrin.

Après quelques jours de désespoir, Charles tenta de se réveiller. Il allait avoir 20 ans. Le 15 septembre 1878, il était majeur. Doublement maître de son héritage : celui de ses parents, et une partie de celui du colonel de Morlet. Une fortune énorme pour cet enfant perdu.

Son approche de Dieu se résumait au vide. Et ce n'est pas la soutane médaillée du père Lanusse, le bon aumônier de Saint-Cyr, au visage recuit par la campagne du Mexique, qui l'avait fait changer d'avis.

L’école de cavalerie de Saumur

Le 31 octobre 1878, Charles de Foucauld entrait à l’école de cavalerie de Saumur.

Sa deuxième année à Saint-Cyr avait été un échec. Sauvé toutefois par sa mémoire, mal noté, totalisant quarante-cinq jours de punitions et quarante-sept de consigne « pour négligence, paresse et indiscipline ». De Cyr, il tirait tout de même ce bénéfice : il avait perdu vingt kilos !

Il avait demandé la cavalerie à cause de son panache, mais aussi, croyait-il, parce qu’on s’y fatiguait moins. Saumur était une jolie petite ville cossue de province dans la grande coulée d’argent de la Loire. L’école militaire en avait fait le fleuron de la cavalerie, avec ses clichés sur carte postale : l’écuyer du Cadre noir en bicorne et bottes des cent-gardes, le manège, la sellerie, tout pour le cheval !

Mais le cheval n’intéressait que médiocrement le sous-lieutenant de Foucauld. Il en fut vite saturé : « Il y a parfois onze heures de cheval, mes journées se passent à cheval, mes soirées à cheval ! » écrivait-il à son ami Tourdes.

Les journées commençaient à 5 heures du matin ! Il tenta de se faire dispenser du cheval par le médecin-chef de l'école. Mais enfin, l'école de cavalerie, c'est lui qui l'avait demandée ! Les autres y trouvaient bien du plaisir. Il suffisait de les voir embouquer la rue d'Alsace sous l'œil admiratif de la population, au petit trot de leur cheval superbe, étincelants de cuivre, dolman impeccable, dans une gloire de poussière et d'or, en route vers le terrain de Verrie, où ils se livraient à leurs acrobaties équestres, s'entraînant pour le Carrousel, parade annuelle de prestige du Cadre noir de Saumur. Mais cela n'amusait plus le jeune vicomte, qui venait de prendre possession de son fabuleux héritage.

Le voici, trônant comme un pacha dans sa chambre n° 82 de l'école, tendue de cretonne claire, bibliothèque d'acajou bourrée de livres rares, lit moelleux, chaise longue capitonnée, tapis de haute laine. Il s'y enfermait le dimanche avec ses auteurs favoris et compensait le régime spartiate de l'école : plats cuisinés des meilleurs traiteurs de la ville et vins fins abondaient sur sa table. Et comme il trouvait ennuyeux de manger et de boire seul, il invitait tel ou tel camarade, trop heureux de profiter du pactole de cet enfant de riche. « Viens chez moi dimanche, nous pomperons ! »

Bref, les frasques succédaient aux frasques. On lui avait refusé une permission. Il s'échappa de l'école, déguisé en mendiant, quêtant son pain dans les fermes du Maine-et-Loire. Les gendarmes le cueillirent au moment où il sautait du haut d'un pont sur un train en marche. Foucauld déguisé en pauvre, jouant les pauvres ! Il s'ennuie, il est fatigué de tout, il fugue comme un enfant. Bilan de son passage à Saumur : vingt et un jours d'arrêts simples et quarante-cinq d'arrêt de rigueur aux motifs les plus divers – retard, insuffisance de travail, tenues irrégulières, inattention à l'instruction. Et le bouquet : « A oublié de toucher sa solde. »

Il est reçu de justesse à l'examen de sortie avec une observation infamante : « Esprit peu militaire, n'a pas le sentiment du devoir. A de la distinction, a été bien élevé, mais tête légère, ne pense qu'à s'amuser. Cavalier très ordinaire. »

Là est l'erreur. Tout est extraordinaire chez cet enfant gâté. Il quitte Saumur avec cette remarque sarcastique du colonel Jacquemin : « Vous sortez le dernier. J'espère que ce rang ne vous suivra pas, monsieur. » Il aurait été bien surpris si on lui avait dit qu'il y aurait en 1978 une promotion « Charles de Foucauld » à Saumur.

Sous-lieutenant au 4e hussards

En octobre 1879, le sous-lieutenant Charles de Foucauld fut affecté au 4e régiment de hussards, stationné à Pont-à-Mousson. À vrai dire, la hiérarchie militaire ne savait trop que faire de lui. Le jeune Charles y loua une garçonnière. N'appréciant guère les charmes discrets de la petite ville, il attendit la suite, disposant à Paris d'une autre garçonnière, rue de la Boétie. N'étant qu'à une heure de Nancy, il comptait aussi y effectuer de petits séjours dans l'appartement qu'il avait conservé, le rez-de-chaussée de l'hôtel particulier de ses grands-parents, rue du Manège.

Comme tant de jeunes officiers de son époque, privilégiés par la fortune, il recherchait une vie où le plaisir l'emportait largement sur le devoir. Il organisa de somptueux soupers à Nancy, rue du Manège. Les nuits chaudes, c'est à Pont-à-Mousson qu'il dut les consommer, avec l'ennui aristocratique et triste qui le caractérisait. Ces nuits étaient parfois si bruyantes qu'il se fit expulser de divers logements pour tapage nocturne.

Ses rapports avec l'armée demeuraient ambigus. On trouvait de tout dans son régiment, que commandait le colonel Beauvieux. Des aristocrates et les lieutenants sortis du rang. Pour ces derniers, le service y était rude, car les effectifs, complets à cause de la menace allemande, demeuraient sur le pied de guerre et l'entraînement intensif. Affecté au 2e escadron, que commandait le brillant capitaine Dalmas de La Pérouse, Charles n'avait pas à se plaindre de son chef, mais son adjoint, le capitaine Bressange, dit « la Panthère », ne supportait pas l'indiscipline arrogante du jeune aristocrate, dont l'inspection générale d'août 1880 fit ce constat nuancé : « Très jeune, cet officier manque de ferveur et d'ardeur. De caractère mou, il a beaucoup à faire pour être à la hauteur de ses fonctions. Caractère et jugement droit, il sert avec assez d'exactitude. Mais pas assez de zèle et de goût. Pourrait mieux faire sous une bonne direction. »

D'abord heureux de jouir de la vie, Charles s'enfonça dans l'ennui dès qu'il eut fait le tour des plaisirs faciles. Ce fut pour lui l'heure de tous les dangers, et les moins honorables. Il manqua de se tuer à cheval ; il évita de justesse les duels que provoquait sa prodigalité, qui offensait tant d'officiers pauvres. Parce qu'il était gros et lourd pour 1,63 mètre, ils l'avaient surnommé… « père Foucauld ».

Avait-il au moins des amis ? Le petit marquis de Morès-Vallombrosa, et Jacques de Miramon, duc de Fitz-James. Ces ripailleurs n'avaient d'autre ambition que de s'amuser. Avec eux, Charles organisait des fêtes somptueuses, ce qui lui valut cet éloge de

Fitz-James : « Comment ne pas aimer et estimer ce si bon camarade ? Avec une délicatesse exquise, il nous fait profiter de sa bourse. S'il gagne trop au jeu, je l'ai vu faire adroitement exprès de perdre. Très gourmet, il aimait nous régaler. »

Puis il y eut Mimi. Une certaine Marie Cardinal, danseuse à l'Opéra de Paris. Âgée de 24 ans en 1880, cette fille d'honnête ouvrier de Lorraine était bien élevée, douce, intelligence et séduisante. Ce fut pour Charles une liaison plus durable que les autres demi-mondaines que les officiers célibataires argentés faisaient venir de Paris en fin de semaine pour agrémenter leurs loisirs. Charles l'installa dans sa garçonnière de Pont-à-Mousson et vécut avec elle en concubinage. Elle rêvait de s'intégrer dans le « beau monde ». Peut-être Charles l'aima-t-il vraiment. Espérait-elle se faire épouser ?

Avisée de cette liaison qui semblait durable, la famille s'en émut et les Moitessier songèrent à engager une procédure pour le faire mettre sous contrôle judiciaire et lui imposer un curateur. Côté armée, on prenait aussi cette affaire au sérieux. Charles s'affichait trop avec Mimi. En juillet 1880 tomba une première punition : « S'est commis en public avec une femme de mauvaise vie. »

L'affaire pourrait en rester là. Le régiment de Charles est désigné pour partir en Algérie, à Sétif. Entre-temps, le colonel de Poul a remplacé le colonel Beauvieux à la tête du 4e régiment de hussards. Il ne supporte pas les frasques du petit sous-lieutenant

Charles de Foucauld et l'accable dans ses rapports au général commandant la subdivision de Sétif : « Notes très médiocres à Saumur. A été puni de quinze jours d'arrêts simples pour s'être promené en ville en tenue bourgeoise, avec une femme de mauvaise vie, avec laquelle il vit en concubinage. La veille de son départ pour l'Algérie, je lui ai défendu de se faire suivre par cette femme. »

Négligeant l'ordre de son colonel, non seulement Charles emmena sa maîtresse en Algérie, mais il en rajouta dans la provocation en lui prenant un billet de paquebot au nom de « Mme la vicomtesse de Foucauld ». À bord, la farce continue. Mimi prenant le bateau avant lui, il la recommanda au commissaire du paquebot qui donna tête baissée dans la mystification. À l'escale de Bône, ledit commissaire crut bien faire en présentant la dame au sous-préfet. Marie jouait le jeu, c'était une bonne actrice. D'ailleurs, elle vivait son rôle et se voyait déjà vicomtesse.

Quelques jours plus tard, Charles débarqua avec son régiment en Algérie et se montra enchanté de la mystification. On continua donc. Le pot aux roses ne se découvrit qu'à l'arrivée des épouses légitimes des autres officiers du régiment. Le colonel de Poul ordonna au major Pelapont, qui commandait le régiment de Bône, « d'infliger à M. de Foucauld quinze jours d'arrêts simples pour avoir emmené en Algérie une femme avec laquelle il vivait en concubinage, et avoir refusé de la faire partir, malgré [ses] ordres ».

S'obstinant malgré les « conseils » de sa hiérarchie, le vicomte encaissa sans broncher. Charles objecta qu'il n'existait pas de règlement de l'armée interdisant à un officier de fréquenter une dame en dehors du service, pourvu qu'elle soit discrète. Mimi vivait à l'hôtel, Charles logeait au quartier, tout était dans l'ordre.

L'affaire s'envenimait. Le colonel jugeait que son honneur était en jeu et, croyait-il, celui de l'armée également. Il se sentait même ridicule, car tous les jeunes officiers du régiment prenaient le parti de Foucauld. Se faire tuer pour la France, d'accord. Mais que l'armée ne se mêle pas de leur vie privée.

Foucauld purgea ses quinze jours d'arrêt de rigueur, puis, comme il s'obstinait, le général commandant la division de Constantine le condamna à trente jours de prison ferme. Après quoi, Charles rejoignit son escadron à Sétif et comparut devant le colonel.

— Quelles sont vos intentions, monsieur, à l'égard de cette femme ?

— Elles sont inchangées, mon colonel.

Le colonel le congédia, prit sa plume, et rédigea son rapport : « Devant l'obstination de cet officier et tous les moyens de répression ayant été employés, je ne vois plus qu'un moyen de faire cesser cet état de choses qui pourrait porter une grave atteinte à la discipline, c'est de demander que cet officier soit mis en non-activité par retrait d'emploi. »

Punition majeure. Charles n'était pas chassé de l'armée, il était temporairement mis hors cadres, sans solde, pour une durée indéterminée. On voulait le faire plier.

Ce n'était pas par passion qu'il en était arrivé là, mais par orgueil. Il aimait l'Algérie, le peuple kabyle le fascinait. Il rêvait au Sud mystérieux, au désert. Et l'armée ? Contradiction majeure. Il détestait la vie de garnison. Il n'était pas entré dans l'armée pour faire une médiocre petite carrière, mais pour se battre, pour arracher aux Prussiens sa terre natale, l'Alsace. Comment sortir de cette impasse ?

Charles et Marie se retirèrent à Évian, à l'hôtel de France, dont jouissaient une centaine de curistes privilégiés. Pour être plus tranquilles, ils s'installèrent dans la luxueuse annexe du palace, la villa « Mon désir ». Le journal local, qui tenait à jour la liste des curistes de qualités, mentionna le passage de « Madame et le vicomte de Foucauld ». Au casino, le vicomte, en habit noir, regardait d'un air las Marie perdre quelques écus au chemin de fer. Charles s'ennuyait. Il se lassait de Marie, qui ne songeait qu'au mariage, à une maison bourgeoise, des domestiques en livrée, des enfants… Et Charles continuait à « pomper » son héritage : les notes faramineuses de l'hôtel, les repas fins, les toilettes et les bijoux de Mimi. Une situation sans issue. Rien ne pouvait combler le vide de son cœur devant ce naufrage.

Côté famille, le procès engagé par les Moitessier devant le tribunal de Nancy pour lui opposer un conseil judiciaire, au motif « dilapide sa fortune en folles prodigalités », nourrissait le feuilleton. Sa tante Inès le traita de « lâche sans volonté ». Il refusa de la voir. De même que sa cousine Marie de Bondy, qui attendait son troisième enfant en menant une vie austère, entre les mains d'un « directeur de conscience ».

Les semaines passèrent. Le 5 mai, Charles, qui restait en relation épistolaire avec ses camarades, reçut une lettre de Sétif. Le régiment allait partir en Tunisie pour mater la révolte des Kroumirs. Charles bondit jusqu'au hall de l'hôtel et demanda les journaux. En première page, l'Algérie. « Révolte de Bou Amama » ; « Le jihad proclamé au Sud oranais » ; « Le 4e chasseurs est jeté en pleins combats ».

Toutefois, le 4e hussards, le régiment de Charles basé à Sétif, demeurait en attente. Les yeux brillants, Charles de Foucauld se redressa. On allait se battre, et il n'y était pas ! « Je vais à Lyon, dit-il à Mimi. Une affaire urgente. Ne t'inquiète pas. »

Le lendemain, il se présenta au général commandant le 4e corps d'armée, dont il dépendait, puisqu'il résidait à Évian.

— Mon général, je sollicite ma réintégration dans l'armée.

— Vous connaissez les conditions, monsieur de Foucauld ?

— Mon général, je veux me battre. J'accepte toutes vos conditions, et j'offre de servir, s'il le faut, comme simple spahi cavalier, sans grade.

— Bien. Formulez votre demande de réintégration, je la transmettrai au ministère de la Guerre, qui avisera.

— Ce sera long, mon général ?

L'officier eut un sourire content. L'armée allait récupérer son enfant terrible.

— Allez, *père Foucauld !* Je m'occupe de vous.

Le 14 mai, le général transmettait à Paris la demande de Charles, avec un avis favorable. Le 16 mai, Charles de Foucauld était réintégré dans son grade par décret présidentiel. Restait l'affectation.

Le 19 mai, dans le Sud oranais, un combat sanglant opposa les rebelles aux troupes françaises, qui subirent une sévère défaite. Le 4e chasseurs d'Afrique reçut l'ordre de faire mouvement.

À Évian, Charles trépignait. Il obtint enfin, le 13 juin, son affectation à Mascara. Il embarqua le 20 juin à Marseille, pour Oran. Charles se trouvait enfin au cœur de l'action. Un autre homme était en train de naître.

Comment expliquer un retournement aussi spectaculaire ? Cette lettre datée de Saïda le 2 octobre 1881 à son ami Gabriel Tourdes nous donne une indication : « J'ai demandé à rejoindre. Une expédition de ce genre est *un plaisir* trop rare pour la laisser passer sans en jouir. Je fais partie d'une colonne qui manœuvre sur les hauts plateaux. La vie de camp me plaît autant que la vie de garnison me déplaît. »

Oui, il est métamorphosé, *père Foucauld*. Ce lettré fêtard à la panse molle, ce pilier de restaurants gastronomiques va se révéler en Afrique un excellent soldat et un chef, supportant les dures contraintes de la vie africaine, les dangers, l'inconfort. On voit mal le *gros Foucauld*, « le porc », à cheval sous l'écrasant soleil du Sud algérien.

L'Afrique ! « Une pure ivresse, une griserie de soleil, de lumière, de plénitude », a dit Lyautey, qui servait au 2e hussards. Pourquoi Charles était-il attiré par ces immensités, sinon parce que montait en lui un désir d'absolu, la soif d'être libéré de toute limite ?

Six mois de campagne sur les hauts plateaux algéro-marocains, à traquer les rebelles de Bou Amama qui reflua vers le sud et s'enfonça dans le désert en ruminant sa revanche. Retour lent du 4e chasseurs au camp de base, où Charles fut rendu à la vie de tous les jours et à lui-même. Le 24 janvier 1882, son escadron réintégrait sa garnison à Mascara. L'insondable malaise, le manque existentiel, reprenait Charles, dont le comportement au combat avait été remarquable. Allait-il retomber dans sa vie dissolue ?

Il démissionne de l'armée pour explorer le Maroc

Une idée hantait Charles : explorer, plutôt que de se battre. Le 28 janvier 1882, il présenta sa démission, au motif d'effectuer « un grand voyage en Orient ». Peut-être avec le petit marquis de Morès-Vallombrosa, son mauvais génie, qui venait de démissionner de l'armée et continuait sans vergogne à lui emprunter de l'argent – son père, le duc de Vallombrosa, lui ayant coupé les crédits. Charles lui avait prêté cent mille francs, le quart de sa fortune, sans la moindre garantie.

La famille de Charles tenait là son prétexte et tenta de le sauver de lui-même en lui imposant un curateur. Convoqué à Paris, il les défia. Il parla d'explorer le monde, et d'abord… le Maroc, pays inconnu. Les autres explosèrent.

— Marie-toi, Charles ! Vis selon ton rang et fais une carrière honorable dans l'armée.

— S'il n'y avait le danger, où serait le plaisir ?

— Bien. On va te couper les vivres. Le tribunal de Nancy a déjà tranché ; il ne reste qu'à désigner le curateur.

— L'argent ne m'intéresse pas.

— Mais avec quoi financeras-tu ton voyage au Maroc ?

Le 12 juin, le tribunal de Nancy accédant à la demande de la famille le déclarait « prodigue » et lui prescrivait un cousin, Georges de Latouche, comme curateur. Désormais, Charles ne pourrait signer un document bancaire sans passer par lui.

Voyant qu'il persistait, l'armée accepta enfin sa démission. Il restait toutefois officier de réserve.

Se croyant libre, Charles de Foucauld se lança dans sa folle expédition du Maroc inconnu. Naturellement, son curateur lui refusa les subsides. On tenta de négocier.

— Pourquoi le Maroc ?

— Explorer un pays inconnu, réputé dangereux, c'est une aventure solitaire exaltante !

Le cousin fit semblant de céder :

— Bien. Prépare sérieusement ton voyage. Mais finie la vie de luxe. Tu auras trois cent cinquante francs par mois.

Charles explosa. Il en dépensait mille au temps de sa splendeur. Puis il éclata de rire. L'argent ne comptait plus pour lui. L'essentiel était ailleurs.

Il s'installa à Alger et, pendant des mois, il mena une vie ardente d'étudiant pauvre, apprenant l'arabe et l'hébreu. Un personnage étonnant lui servit de guide. Oscar Mac Carthy régnait sur les archives et la bibliothèque. En 1849, fasciné par le Sud, il avait presque atteint Tombouctou. Puis il avait rêvé du Sud marocain, le mystère des tribus berbères.

Aujourd'hui, il était trop âgé pour explorer. Il ne pouvait que transmettre sa passion à un jeune. Et Charles de Foucauld était justement là !

— Allez-y, Foucauld. Moi, je suis trop vieux.

— Sans escorte ? Sans argent ?

— Pas d'escorte, elle pourrait vous gêner. Il s'agit d'abord de s'informer. Vous explorerez le Maroc sur quatre mille kilomètres de pistes. Au-delà de Fez et de Meknès, c'est l'inconnu. Ces grands monts de l'Atlas, ces chaînes immenses dont les vallées fertiles cachent une civilisation inconnue, les Berbères. L'argent ? Se charger de bagages susciterait la convoitise des pirates. Vous vous déguiserez en colporteur arabe, ou en pèlerin. Être pauvre est la condition de la survie. Et pas d'armes. Vous n'aurez besoin que d'une mule.

De ce discours, Charles avait reçu comme un éblouissement. Il avait cru insoluble le problème financier, mais il n'y en avait pas. Ce langage qui allait à contre-courant des normes était celui qu'il attendait : à la nudité de l'Afrique, apporter la sienne. Conquérir l'infini du voyage par son dénuement extrême. Dominer le cœur de l'homme par la fraternité. Car connaître, c'est aimer. Il voulut aller plus loin encore :

— Me déguiser en colporteur arabe ? Mais il me faudrait encore un an pour parler la langue à la perfection. Pourquoi pas en juif ? Ils viennent de tous les pays. Au Maroc comme partout au Maghreb, on les méprise, on s'écarte d'eux comme d'un objet impur. Mais on n'y touche pas, car ils sont aussi magiciens... et prêteurs.

— Le vicomte de Foucauld déguisé en pauvre juif errant ?

Charles sourit. Ce défi lui plaisait. Seul, explorer le bled, le pays de l'insoumission ? Telle serait sa riposte au conseil judiciaire qui l'humiliait. Aller jusqu'au bout de l'humiliation.

Mac Carthy approuva. Puis il ajouta :

— Le costume, en vous abaissant, vous fera passer inaperçu et vous donnera toute liberté. Mais vous ne pouvez voyager seul. Il vous faut être accompagné par un vrai juif, qui se portera garant de vous. J'en connais un. Mi-rabbin, mi-aventurier, mi-colporteur, il a tout pour déplaire. Il s'appelle Mardochée Abi Serour.

Ainsi s'engagea l'aventure. Une aventure tellement folle que le curateur, indigné, mis devant le fait accompli, lui envoya quatre mille francs pour financer le voyage. La famille avait passionnément discuté. Mimi, la sœur de Charles, était tellement inquiète qu'elle promit secrètement à Mardochée une forte prime, huit cents francs, s'il ramenait son frère vivant !

Le voyage au Maroc dura douze mois au cours desquels Charles risqua cent fois la mort. Prenant des notes, relevant trois mille pistes non répertoriées et autant de cotes d'altitude, il projetait d'écrire un livre, *Reconnaissance au Maroc*, qui bouleverserait toutes les connaissances déjà acquises.

Charles de Foucauld en 1884.

Parmi mille anecdotes, relevons celle-ci, la dernière. Le 23 mai 1884, Charles franchit la frontière algérienne. Il a perdu vingt kilos ; il est épuisé mais heureux. Il est en vie, miracle qui ne cesse de l'étonner. Il est changé, un seul mot pourrait le décrire : il est *dilaté*. Il avait quitté l'armée aigri, renfermé, révolté : le voilà libéré, épanoui. Après avoir congédié Mardochée, il se dirigea vers l'unique auberge de Lalla-Marnia, dont le patron refoula sans aménité ce mendiant sordide aux vêtements en loques. Le village possédait une importante garnison militaire. Charles eut beaucoup de mal à persuader l'aubergiste d'aller demander audience au commandant de la garnison. Le chef de bataillon Lavergne était à table avec ses officiers :

— Mon commandant, il y a là un mendiant qui veut forcer ma porte. Comme je lui ai refusé l'entrée de l'auberge, il a menacé de se plaindre à la division d'Oran. Il refuse de dire son nom et prétend vous parler.

— Dites-lui que le commandant ne reçoit pas les gens sans savoir qui ils sont.

De retour à l'auberge, l'aubergiste obtint de Charles un bout de papier sur lequel le mystérieux voyageur avait griffonné « vicomte Charles de Foucauld, lieutenant au 4e chasseurs d'Afrique ». C'est la stupeur. Charles est aussitôt introduit au mess des officiers. Mais personne ne le reconnaît. Alors, avisant un ancien camarade de Saint-Cyr, Charles plonge ses yeux dans les siens.

— Salut, Maumené ! Comment es-tu là ?

— Foucauld ! *Père Foucauld !*

Enfin reconnu, il est encensé par tous, désormais un héros, le premier Français qui, au péril de sa vie, a franchi les trois Atlas.

La conversion

En 1886, riche de son voyage et de ses observations, Charles s'installa à Paris, où il fut frappé par la grâce, en l'église Saint-Augustin. Tous ses doutes emportés, Foucauld le rebelle se soumit en un instant. Puis la question essentielle se posa : comment faire de la religion un amour ?

Il s'engagea alors dans une longue quête spirituelle qui procédait d'un dépouillement absolu, à l'imitation du Christ. Guidé par l'abbé Henri Huvelin, vicaire de Saint-Augustin, confesseur de Marie de Bondy, il multiplia les expériences mystiques. Pèlerinage en Terre sainte, retraite à l'abbaye de Solesmes, rien ne put le satisfaire.

Enfin, en 1890, âgé de 32 ans, il franchit le dernier obstacle. Novice à la Trappe de Notre-Dame des Neiges, il rêvait d'une ascèse radicale. Épris d'absolu, il y trouvait la vie trop douce et se fit envoyer à la Trappe de Cheiklé, en Syrie, menacée par le conflit turco-arménien.

Désormais, plus rien ne pouvait l'arrêter. En 1892, il prononça ses vœux cisterciens et fit donation de tous ses biens. Cependant, rien ne le satisfaisait dans la recherche de l'imitation de Jésus. Il rêvait d'un ordre des Petits Frères de Jésus et, en 1896, il se rendit à Rome pour étudier la théologie en vue d'accéder au sacerdoce. « Prendre la simple obéissance comme lumière », dit-il. Bouleversé, l'abbé général lui rendit sa liberté, « pour ce que Dieu voudra ».

En 1897, libéré de ses vœux cisterciens, souhaitant toujours « la dernière place », il retourna en Terre sainte et se fit embaucher comme jardinier, domestique des Clarisses de Nazareth. Comme il ne put dissimuler sa forte personnalité, il fut vite démasqué. La mère abbesse lui offrit alors d'être l'aumônier de la communauté.

Il s'échappa à nouveau. Ordonné prêtre du diocèse de Viviers en 1900 sous l'égide de Notre-Dame des Neiges, il se crut enfin *attaché* à Jésus-Christ. Le centre de sa vie et de son désir n'est pas la pénitence, mais l'amour né de la contemplation. Il entre dans la nuit de l'esprit. Comment n'*être rien* pour accueillir le *tout* ? Il rêve de ces communautés ferventes des premiers temps de l'Église, un petit nid d'adoration. Tentation du désert, non pour y vivre seul, mais pour être l'ami et le serviteur de ceux qui n'ont rien.

Le désert

En 1901, Charles s'installa à Beni Abbès en pleine guerre de *soumission* opposant les Touaregs à l'armée française. En 1905, il s'établit à Tamanrasset, au cœur de la rébellion. Avait-il enfin trouvé sa voie ? Aimer, aider les Touaregs et non les exploiter. À nouveau submergé par les pauvres, il va vivre au cœur du désert, avide de tout donner à l'amour.

Le 10 septembre 1901, donc, il débarquait à Alger et s'installait chez les Pères blancs de Maison-Carrée, qui l'accueillirent chaleureusement tout en s'étonnant de sa vocation insolite. S'il ne voulait être ni prêtre de paroisse, ni moine, pourquoi n'être pas comme eux missionnaire ? Et pourquoi vouloir vivre dans les déserts du Sud, là où même les Pères blancs n'étaient pas encore autorisés à exercer ?

On parla de « pacification » dans le Sud. Beni Abbès, où il comptait aller, était le point le plus avancé de la pacification française. L'armée seule y était présente, y assurant la sécurité, mais aussi l'intendance, la poste, les transports. Qu'irait-il faire dans cette galère, où il ne serait pas accepté ?

Il les étonna aussitôt :

— J'ai rendez-vous ici même, à Alger, avec le commandant Lacroix.

— Ah ! Vous connaissez le chef des Affaires indigènes ?

— C'est mon ancien camarade de promotion…

L'affaire ne traîna pas. Les deux hommes se donnèrent l'accolade. Puis on passa aux choses sérieuses.

— Tu auras toutes les autorisations, Foucauld. Et partout où tu iras en Afrique, tu seras accueilli comme un frère par l'armée.

— L'armée, peut-être. Mais l'administration, elle n'aime pas trop les « curés ».

— Tu n'es pas un curé comme les autres, *père Foucauld*. La France a tout intérêt à te laisser travailler en Afrique.

Charles approuva. Son âme ardente brûlait du plus pur patriotisme, dont l'armée était le socle. S'il s'était arraché à sa vie dissolue et égoïste, il le devait d'abord à l'armée. Mais au fond de son cœur, il n'avait qu'une patrie, celle de ce Christ qui avait dit : « Mon royaume n'est pas de ce monde », et qu'il voulait faire connaître aux confins de ces pays encore abandonnés.

En quittant le commandant Lacroix, poussé par une véritable intuition, il se rendit à Ghardaïa, où résidait Mgr Charles Guérin, vicaire apostolique du Sahara. Une amitié sincère les lia aussitôt. Avant tout, ils se reconnurent dans leur unique passion de Dieu. En 1901, Charles Guérin, fils d'un archéologue orientaliste, n'avait que 29 ans. Petit homme brun, mal vêtu, d'une humilité exemplaire, il eût semblé très ordinaire si ce n'étaient ses yeux brun foncé brillants, pétillants d'intelligence, qui brûlaient dans ce visage maigre d'ascète oriental. Professeur de langue arabe, il dirigeait le noviciat des Pères blancs de Maison-Carrée lorsque l'archevêque d'Alger, frappé par ses charismes, le nomma vicaire apostolique, avec pleins pouvoirs sur les immensités du Sahara. Tout n'était que lumière en lui ; il réalisait en Afrique les promesses d'une jeunesse studieuse, limpide et généreuse, dans l'oubli de soi et le désir de servir ce Christ qui l'avait comblé.

Aussitôt, il reconnut en Charles de Foucauld cette fascination pour l'islam, dont la source était d'abord mystique. On s'expliqua sans détour. L'Afrique française noire pouvait être convertie au christianisme, mais l'outil principal des missionnaires était le sermon. Ce qu'acceptaient les populations païennes noires, animistes, les fiers Arabes, les ardents Berbères et les Touaregs le récusaient avec violence, imbus qu'ils étaient de leur propre religion. Pour les convertir au Christ, il fallait d'autres armes, il fallait les séduire. Il fallait un saint. Ce petit frère de Jésus serait-il celui-là ?

Mgr Guérin n'hésita pas. Il lui donna les autorisations nécessaires pour s'établir à Beni Abbès comme aumônier de la garnison militaire, seul prêtre à quatre cents kilomètres à la ronde.

Charles fut accueilli chaleureusement dans toutes les stations militaires. Au terminus d'Aïn-Sefra, le général Cauchemez l'accueillit et le logea dans une belle chambre, dont l'apôtre dédaigna le lit moelleux, dormant sur le sol comme il en avait l'habitude. Le lendemain, il vit venir à lui le lieutenant Huot qui, regagnant Beni Abbès, lui offrit un cheval et une escorte pour parcourir en toute sécurité les quatre cents kilomètres de pistes, que Charles comptait faire seul et à pied à travers le désert. Bref, rien ne se passait comme il avait prévu... et souhaité. Comment s'en étonner ? Dans tous les postes militaires, on accueillait l'ancien camarade de Cyr. À l'oasis de Taghit, le capitaine de Susbielle vint à sa rencontre flanqué de quinze *mokhazni* drapés galopant dans un nuage de sable.

Le capitaine les avait prévenus :

— Celui que vous allez voir est un marabout français. Il vient vivre parmi vous et les pauvres du désert pour y demeurer toujours. Recevez-le avec honneur !

Les cavaliers s'immobilisèrent, faisant cercle autour de lui, puis, mettant pied à terre, ils vinrent poser leurs lèvres au bas de sa robe, premier hommage des hommes du désert à l'apôtre du Sahara. Ce jour-là, très ému, Charles de Foucauld célébra sa première messe saharienne, la première, sans doute, dite en ce lieu.

Quatre jours après son retour à Beni Abbès, le 28 janvier 1905, Charles reçut la visite du général Lyautey, commandant le Sud oranais à Aïn-Sefra. Cet officier auquel on prédisait un grand avenir avait fait l'ensemble de sa carrière en Afrique. Tout, aussi, le rapprochait de Charles de Foucauld, qu'il n'avait encore jamais rencontré et dont la personnalité le fascinait. Lyautey sortait comme lui de Saint-Cyr. Chrétien social fervent, il avait dans sa jeunesse hésité entre la voie militaire et la vie contemplative. Il avait lu le récit de Charles sur sa découverte du Maroc et voulait l'interroger sur ce sujet. En lui annonçant sa visite, il lui avait écrit : « Je vous aime pour la grandeur de votre âme, parce que vous serez toujours bon dans votre sacerdoce, comme vous l'avez été dans les champs du Maghreb pour les pauvres et pour les souffrants. »

Charles de Foucauld et le futur maréchal Lyautey.

Lyautey savait aussi l'influence de Foucauld sur l'islam saharien. Leur conversation porta naturellement sur le Maroc : l'un pour le convertir, l'autre pour le gagner à la France. Quant à l'Algérie, où Charles était toléré, les deux hommes admirent qu'il serait déloyal et dangereux d'opposer « le peuple saharien » (les Touaregs) aux Arabes d'Algérie.

Le 15 avril 1905, le lieutenant-colonel Laperrine lui offrit de l'accompagner dans une tournée qu'il effectuait et d'aller passer l'été au Hoggar, un vaste pays pour l'instant fermé à tout prêtre. Ce qui revenait, dans le cadre de la pacification française – si Foucauld y consentait – à l'y installer à demeure, lui seul étant capable de supporter cet isolement au cœur des tribus difficilement accessibles. Après une longue hésitation sur cette « tentation », Charles, poussé par Mgr Guérin et par l'abbé Huvelin, accepta, puisque l'obéissance est la mesure de l'amour.

Laissant la fraternité à la garde de son jardinier, Foucauld reprit la route du désert le 3 mai 1905, en compagnie de Paul Embarek, son éternel catéchumène, un esclave noir razzié au Soudan, qu'il avait racheté et libéré. Deux chameaux de bât portaient leurs bagages, la tente pour célébrer la messe, deux sacs de dates sèches et d'orge grillée, la réserve d'eau et de menus cadeaux. Fin mai, ils rejoignaient la colonne Dinaux au puits d'Ouan Thora. L'aventure commençait.

Ici, je ne résiste pas à reproduire le portrait de l'ermite que nous brosse le capitaine Dinaux à l'apparition du phénomène : « Foucauld marchait à pas rapides, traînant par la bride un de ses chameaux de bât. Son visage émacié, garni d'une barbe hirsute qu'il tailladait lui-même à grands coups de ciseaux, était éclairé par deux yeux au regard profond, ardent et pénétrant, et le large sourire de sa bouche édentée laissait paraître en toutes circonstances l'affectueuse sympathie et la bienveillance qu'il avait pour tous : humilité, douceur, spiritualité, tout cela se révélait à la fois dans ce corps nerveux, dominé par la volonté de triompher de la matière. On ne pouvait pas ne pas l'aimer et le respecter. Il était simplement vêtu de la gandoura blanche, serrée à la taille par une ceinture de cuir à laquelle pendait un chapelet à gros grains noirs. Sur sa poitrine était cousu le cœur rouge surmonté de la croix. Pour coiffure, il portait une longue chéchia à manchon de toile blanche garnie d'un couvre-nuque. À ses pieds tout crevassés s'adaptaient tant bien que mal des sandales en peau de chameau qu'il taillait lui-même et qu'il fixait, comme les bergers sahariens, par une lanière prise entre les orteils » (récit rapporté par Gilbert Ganne).

La colonne Dinaux constituait l'avant-garde de la pénétration française conduite par Laperrine. En termes brefs, le capitaine confirma à Charles l'importance de la mission :

— Elle consiste à traverser le désert, puis à pénétrer au cœur du Hoggar, où nous espérons rencontrer Moussa, qui a fait la paix avec les Français en février 1904, mais du bout des lèvres.

Charles l'écoutait avec passion. Son destin se jouait dans cette aventure. L'autoriserait-on à s'installer au Hoggar, durablement, pour y mener sa mission de paix ?

Le capitaine Dinaux poursuivit :

— Ma mission consiste donc à traverser le désert, puis à pénétrer au cœur du Hoggar où nous espérons rencontrer Moussa. Nos étapes seront d'une quarantaine de kilomètres par jour, à l'allure lente des chameaux chargés. Il faudra prévoir des marches forcées de jour et de nuit à travers le Tanezrouft pour rejoindre les points d'eau. Nous effectuerons des séjours variables dans les régions présentant quelques ressources en pâturages, toujours à proximité des campements de Touaregs, qu'il s'agira d'*apprivoiser* avec des palabres, des courses de méhari, des tirs à la cible dont ils sont friands.

— Vous avez dit « *apprivoiser* », capitaine ?

— Oui. C'est tout le problème.

Et la colonne Dinaux s'enfonça dans le désert. Les hommes montés, Charles toujours à pied, égrenant son chapelet. La colonne avançait le doigt sur la gâchette, redoutant la nuit un guet-apens. Le soir, le camp se formait en carré et les hommes s'étendaient sur le sable, les carabines chargées à portée de main. Bien avant l'aube, frère Charles se faisait réveiller par le gradé de service. Paul montait la tente sous laquelle le père disait la messe. « Il manifestait une ferveur extraordinaire, et semblait en extase, témoigna Dinaux. Ce fut pour nous une révélation. »

La colonne approchait du point de rupture. La traversée du Tanezrouft fut émaillée d'incidents dramatiques. La colonne entière manqua de périr de soif. Pendant quatre jours, le torride vent de sable se déchaîna. Ayant perdu tout repère, la colonne fut contrainte de stopper. Le thermomètre monta jusqu'à cinquante-cinq degrés à l'ombre. L'eau manqua bientôt. Tous les puits sur lesquels on comptait étaient secs. Il fallait se remettre en route ou périr. Charles avançait, en pleine euphorie mystique. Le 14 juin, on trouva un puits, hélas comblé par le sable. On creusa pendant des heures. De la boue apparut et enfin l'eau, la vie !

Il n'était pas question de demeurer sur place. La longue marche reprit, ponctuée de contacts avec les caravaniers que l'on croisait, les campements que l'on visitait. Le désert devenait moins inhumain, un peu de verdure apparaissait.

Mais où était l'aménokal Moussa ag Amastane, sans la soumission duquel aucune pacification n'était concevable ? Enfin, le 15 juin 1905, un émissaire se présenta :

— Les troupeaux de Moussa pâturent à deux cents kilomètres au sud.

Dinaux ne put en obtenir davantage. La rencontre décisive eut enfin lieu le 25 juin 1905, au puits d'In Ouzel. Le chef targui apparut, flanqué des dignitaires de sa tribu. Un voile bleu, le litham, recouvrait leur visage, mis à part les yeux, car il est indécent pour un noble du désert de laisser voir sa bouche.

Moussa ag Amastane, chef des Touaregs Tassili du Hoggar, accompagne le père de Foucauld à Paris en 1913.

Tout allait se jouer maintenant. Après les congratulations d'usage, on se réunit sous la tente. Grand Targui de 37 ans, le visage blanc, allongé et régulier des Touaregs de pure race, le personnage dont allait dépendre la mission finale de Charles de Foucauld demeurait ambigu. Sincèrement pieux et bon musulman, il aimait les honneurs, l'autorité, le plaisir et l'argent. Il gardait la nostalgie de son passé de pillard. Déjà chef de rezzou à 20 ans, il avait été converti par un marabout favorable aux Français, donc opposé au clan indépendantiste porté à la lutte.

En 1905, la soumission des peuples du Sahara était loin d'être acquise. On se battait pour l'honneur, mais aussi pour l'accès aux pâturages arrosé par la mousson du Soudan, vital pour les pasteurs nomades du Hoggar. Moussa ne pouvait régner sur ces terres sans l'appui de la France, mais de ce fait devenait un traître pour les indépendantistes. En fait, il jouait double jeu. Si les Français l'emportaient, il serait leur homme, sinon, il rallierait sans vergogne la Sénoussia, la résistance jusqu'à la mort.

Devant le capitaine Dinaux, Moussa fit sa soumission, et amende honorable pour ses exactions passées. Il promit de payer l'impôt et de respecter les lois de la République française. En contrepartie, Dinaux l'autorisa à percevoir le tribut, la redevance des bergers. Son investiture officielle d'aménokal lui était promise, dès que Laperrine aurait ratifié ces accords.

Charles de Foucauld avait assisté, sous la tente, à ces palabres. Accroupi sur le sable, il se perfectionnait dans le tamahaq, la langue si spéciale des Touaregs, dont l'écriture n'est pas arabe, mais tifinar, une variété soudanaise.

Dinaux présenta à Moussa « le marabout chrétien serviteur du Dieu unique », qui aimait la solitude et le désert, et souhaitait étudier la langue et la culture des Touaregs. Moussa le prit aussitôt sous sa protection et accepta de le voir s'installer au Hoggar. Personne n'était dupe. Au pire, il serait un otage des Touaregs, au mieux un gage de paix durable. Bien conscient de ces calculs, Charles se voyait réaliser son rêve de créer un ermitage au cœur du Sahara où le Christ était ignoré. On prit rendez-vous pour le 1er août à Abalessa, d'où Moussa le conduirait à Tamanrasset, qui semblait le village le mieux placé, au carrefour des routes du désert.

Ce que Dinaux ratifia : « Devant l'adhésion de Moussa et sa promesse solennelle de répondre à la sécurité du père sur sa tête, celui-ci prit irrévocablement la décision de s'installer à Tamanrasset, et de grand cœur je lui en accordai l'autorisation. »

Tout se déroula comme prévu. Avant de se séparer de Charles, Dinaux eut une ultime hésitation : le père de Foucauld allait se trouver complètement isolé dans un pays inconnu dont les tribus n'étaient qu'en partie insoumises. Jamais, depuis son exploration du Maroc, il n'avait été aussi abandonné. Nuls

Français, nuls chrétiens à ses côtés, les courriers incertains, la solitude absolue en pays musulman. Et la menace des rebelles intégristes.

Pour Charles, aucune hésitation, mais la jubilation de celui qui se sait entre les mains de Dieu, prêt à exécuter son projet. À Tamanrasset ! Il y vivrait très pauvre, très retiré, plus proche des esclaves noirs que des chefs, tâchant avant tout d'imiter le divin ouvrier de Nazareth.

Le 3 août, arrivé à Tamanrasset, il s'écria : « C'est là que je veux vivre ! » C'était à l'époque un village de vingt feux en pleine montagne au cœur du Hoggar, à l'écart de tous les centres principaux. Dans toutes les lettres de Charles, on retrouve cette jubilation : « Je choisis ce lieu délaissé et je m'y fixe. Volonté du Bien-Aimé. Prendre pour seul exemple la vie de Jésus à Nazareth. Qu'il daigne me convertir. Me rendre tel qu'il me veut. L'aimer, lui obéir, l'imiter. »

Le haut plateau, à mille cinq cents mètres d'altitude, est coupé par le lit presque toujours sec de l'oued Tamanrasset. Alentour, sur le sol caillouteux, poussent des touffes d'herbes dures que broutent les chameaux des nomades, et les joncs dont les indigènes sédentaires, les Noirs Haratins, se servent pour fabriquer leur *zériba*, une misérable hutte. Ces anciens esclaves, des Noirs jadis raflés au Soudan par les Arabes et revendus aux Touaregs sédentaires comme main-d'œuvre, s'efforçaient de survivre en plantant orge, carottes et piment rouge le long de l'oued. Ils étaient rémunérés par leur maître avec une part de récolte, juste de quoi ne pas mourir de faim. Leur sort rappelle celui des derniers esclaves. L'été, il leur fallait puiser profondément l'eau pour arroser.

Charles contempla le domaine où il allait désormais vivre et peut-être mourir. Au-delà de ce paysage désolé où ne poussait aucun arbre à l'exception d'un unique éthel, se dressaient ici et là quelques tentes de pasteurs touaregs venus faire brouter leurs troupeaux de chèvres et de moutons. La population du Hoggar, sur laquelle régnait Moussa, ne comptait que neuf cents familles de diverses tribus, dispersées sur un territoire aussi vaste que la moitié de la France. À cinq cents kilomètres au sud, les Iforas de l'Adrar, que contrôlait aussi Moussa, comptaient deux mille familles. L'été, lorsque aucun brin d'herbe ne pousse, les nomades du Hoggar devaient rechercher jusqu'à mille kilomètres au sud la végétation permettant à leur troupeau de survivre. Pour compliquer la situation, à l'arrivée de Charles, Tamanrasset comptait une soixantaine de sédentaires haratins, ex-esclaves du Soudan, plus ou moins métissés de Touaregs. Et quelques dizaines de Touaregs Imrad sédentaires, propriétaires des terres, vassaux d'une poignée de nobles touaregs, plus un nombre variable de pasteurs nomades et de caravaniers venus du Tidikelt ou de Tombouctou avec le sel, les cotonnades et des dattes qu'ils échangeaient contre des peaux de moutons et de chèvres.

Jusqu'à l'arrivée des Français, la guerre entre les tribus rivales, le rezzou, le pillage des populations sédentaires par les Touaregs à la peau blanche, au visage ni sémite, ni arabe, au visage voilé jusqu'aux yeux, grands diables maigres et fiers juchés sur leur dromadaire, refusant le travail manuel et le commerce, ne rêvant qu'acheter une carabine Winchester, un rêve presque impossible, à moins d'en passer par la soumission aux Français haïs.

Le premier ermitage du père de Foucauld, édifié en six jours non loin du lit sec de l'oued, était une simple cabane de six mètres sur deux, bâtie en pierres jointoyées avec de l'argile, le tout recouvert de roseaux amalgamés avec de la boue séchée. Pas de vraies fenêtres, mais de petites ouvertures sans vitres qu'il fermait avec une planche lorsque soufflait la tempête, ou pour se protéger l'été du soleil. L'unique porte était barrée au sol d'un rebord pour décourager reptiles, scorpions et araignées. Cet habitat rustique au plafond bas était coupé d'une cloison. Charles travaillait et dormait dans la première pièce. Une claie de roseau, surélevée, servait le jour de table, et la nuit de lit. Charles travaillait assis sur une caisse renversée. La chapelle occupait la deuxième pièce, où le prêtre avait dressé son autel portatif.

Le père Charles de Foucauld
devant sa première chapelle à Tamanrasset en 1905.

À côté de cet ermitage, il édifia une hutte d'accueil en roseaux, de deux mètres sur deux, qui servait aussi de cuisine, et où Paul Embarek pouvait dormir. D'autres pièces s'ajouteront par la suite, pour entreposer céréales et dattes.

L'heure de se séparer du capitaine Dinaux était venue. La colonne militaire qui campait depuis deux semaines à Tamanrasset allait se retirer. Le 25 août 1905, devant soixante délégués des tribus du Hoggar, le capitaine accorda enfin à Moussa ag Amastane l'investiture officielle d'aménokal. Puis il lui confia le père de Foucauld. Moussa promis solennellement de répondre de sa sécurité. Et Dinaux s'éloigna à regret, l'angoisse au cœur, pour achever sa tournée dans l'Aïr.

Le 15 octobre, repassant à Tamanrasset, le capitaine Dinaux eut un ultime entretien avec l'ermite :

— Êtes-vous décidé à rester ?

— Oui !

Frère Charles rayonnait. Dinaux et sa longue caravane de méharistes s'en allèrent, cette fois sans retour. Dans son rapport au gouverneur général de l'Algérie, il a écrit : « Il restera ainsi seul au milieu des Touaregs. Sa réputation de sainteté, les résultats qu'il a déjà obtenus dans la guérison des malades font plus, pour l'extension de notre influence et le ralliement de nos idées, qu'une occupation permanente du pays. »

On a envie d'ajouter : *Inch'Allah !* Pour un esprit rationnel, sa chance de convertir ces fiers nomades dont le pillage était hier encore la principale occupation semblait nulle.

Et le temps s'écoula, comme s'il pouvait exister dans le désert, face à l'éternité d'un Dieu que tous recherchaient avec passion. La guerre fratricide en Europe avait changé la donne. L'année 1915 s'ouvrit dans l'angoisse. Quelle serait l'issue de la bataille de France ? Les nouvelles du front étaient rares et tardives. Une lettre de France mettait un mois pour parvenir à Tamanrasset. Deux fois par mois, un courrier militaire apportait les sacs. En cas d'urgence, Fort Motylinski (qui n'avait pas encore la radio) recevait les nouvelles par courrier méhariste.

Imperturbable, Charles de Foucauld poursuivait à Tamanrasset son œuvre pacificatrice. Malgré l'extrême misère, le village avait pris de l'importance. Grâce à frère Charles, on n'y voyait presque plus de *zéribas*, ces huttes de roseaux. La population sédentaire s'était bâti des cases en *toub*, des briques d'argiles moulées. Des propriétaires Dag Rali et quelques nobles touaregs nomades, abandonnant l'inconfort des tentes, habitaient même de petites maisons de type européen avec terrasse, entourées d'un jardin cultivé par un esclave. La maison de Moussa était parmi les plus spacieuses.

Charles engageait les nomades à travailler la terre et à renoncer peu à peu au nomadisme pastoral, à peine capable de les faire vivre. Mais la terre était-elle plus rentable, avec la sécheresse persistante ? On sentait que les fiers Touaregs regrettaient le temps des rezzous. Certains jouaient double jeu. Le jeune Ouksem, apparenté au chef des Touaregs sédentaires et appelé à lui succéder, demeurait instable. Ami sincère du marabout Charles, il conservait des contacts secrets avec les rebelles Ajjer. Il lui en faudrait très peu pour passer de leur côté. Une défaite française en Europe, par exemple. Lui aussi fidèle à la France, Moussa l'aménokal restait à la limite du double jeu, il gardait le contact avec les rebelles. Moussa commençait à douter des Français, qui payaient mal sa pension d'aménokal, réquisitionnaient ses chameaux et lui fournissaient des cartouches de mauvaise qualité.

En février 1915, il n'y avait plus à Fort Motylinski que six soldats indigènes commandés par l'adjudant Constant. Le gros de la garnison, conduite par le capitaine de La Roche, patrouillait à sept cents kilomètres au sud-ouest pour protéger les pâturages de l'Adar dont dépendait la survie des troupeaux du Hoggar.

En avril 1915, les événements se précipitèrent. Sous la poussée massive de mille Sénoussistes, le poste frontière stratégique de Djanet tomba. La plupart des cinquante hommes qui le tenaient furent tués ou capturés. Les Sénoussistes avaient désormais la route libre pour envahir le Hoggar. Entre Djanet et Tamanrasset, il n'y avait plus que le fortin dérisoire de Fort Motylinski, que Constant, nommé sous-lieutenant, tenait avec trois métropolitains et une trentaine de goumiers arabes.

Un fortin… Un bordj ! Charles commençait aussi à y songer pour Tamanrasset. Non pas pour lui ; sa vie était toute donnée. Mais pour protéger la population sédentaire, menacée, puisqu'il n'y avait aucune troupe française mobile à moins de deux ou trois jours de marche. Un simple rezzou de méhara rapides, dix à vingt rebelles bien armés de carabines suffiraient à faire régner la terreur.

Le 9 juin 1915, sans aucune aide de l'armée, Charles commença la construction de son fortin, dont il avait établi le plan sur le modèle classique des bordjs indigènes du Sud marocain. Paul Embarek et un autre maçon montèrent des milliers de briques que moulaient à longueur de journée des Haratins, rémunérés en céréales. Il avait plu un peu – pas assez –, la population reprenait espoir.

À Tamanrasset, l'été s'écoula sans pluie, sinon des pluies de sauterelles. Dans le Sud, les pillards marocains menaçaient toujours les troupeaux de Moussa. Dans le Nord-est, le chef des rebelles libyens, assistés par des cadres turcs et allemands, harcelait ce qui restait des troupes françaises. Le 10 novembre, les Tripolitains effectuaient leurs premiers raids aux frontières du Hoggar.

Le 25 décembre 1915, frère Charles célébra seul la messe de Noël dans son ermitage. À un kilomètre de là, de l'autre côté de l'oued, les Haratins continuaient à édifier le fortin. Ce travail épuisant serait-il achevé à temps ?

Le fortin fut enfin achevé, et Charles écrivit au général Mazel, son camarade de promotion commandant la Ve armée avec Laperrine sous ses ordres : « Nos Touaregs d'ici sont fidèles, mais nous pourrions être attaqués par les Tripolitains. J'ai transformé mon ermitage en fortin. Je pense, en voyant mes créneaux, aux couvents fortifiés du xe siècle. On m'a confié six caisses de cartouches et trente carabines, qui me rappellent notre jeunesse. »

Le 5 septembre, l'ermite conféra avec le capitaine de La Roche et le sous-lieutenant Constant, venus visiter à Tamanrasset l'achèvement du fortin. Le capitaine se montra satisfait, mais cela ne suffisait pas.

— Faute d'effectifs militaires que je suis incapable de vous fournir, vous ne sauriez soutenir un siège en règle. Vos Haratins pourraient seulement faire face à une attaque de pillards ordinaires. Dans ces conditions, je vous demande, mon père, de vous replier sur Fort Moty.

— Je n'abandonnerai pas ces pauvres gens. Leur vie dépend de mes réserves de céréales et de dattes. La famine les menace. Ils ne peuvent pas se disperser dans la montagne, comme nos sédentaires partis avec leurs chèvres rejoindre leurs frères nomades.

À Tamanrasset, les rumeurs d'invasion se précisaient. On annonça qu'un contingent de Sénoussistes avançait avec des canons. Foucauld comptait se défendre dans son bordj. Quelques Touaregs ramenés de la montagne et les Haratins les plus courageux occupèrent le fortin, où toute la population de Tamanrasset se réfugia. Charles distribua les armes. Les agriculteurs sauraient-ils s'en servir ? Résister à la première sommation ? Charles envoya un messager à Moussa, qui pâturait dans le Sud-ouest, pour lui demander des guerriers.

Charles fit accélérer l'aménagement intérieur de son fortin, ce qui fut réalisé pour l'essentiel le 15 novembre 1916. Une lourde menace pesait toujours sur le village. Du 18 au 21 novembre, des nuages de sauterelles s'abattirent sur Tamanrasset, ravageant les jardins. Sinistre présage ! Frère Charles nota encore sur son carnet : « 28 novembre : fin des poésies touarègues. » Ainsi s'achevait le dernier carnet de Tamanrasset. L'heure du sacrifice était venue.

Le temps s'écoulait, au rythme des vents du désert et des combats fratricides en Europe.

Charles construisit un ermitage à l'Asekrem, au cœur du Hoggar, qui dominait un massif tourmenté, forteresse naturelle des Touaregs. Cette chapelle de pierres jointoyées d'argile se dressait à deux mille huit cents mètres d'altitude sur un étroit plateau battu par les vents. Ni eau, ni végétation, mais un dépouillement sauvage et grandiose, qui appelait à la prière, à la contemplation, « la plus belle solitude du monde », dira-t-il.

Les Touaregs du Hoggar le respectent, puis ils s'en vont vers d'autres pâturages, Foucauld reste seul avec les Noirs Haratins, les plus pauvres des pauvres, esclaves méprisés de tous, auxquels il distribue ses réserves.

Mordu par une vipère, rongé par le scorbut, il attend la mort, persuadé d'avoir échoué en tout. Il sera sauvé par ses frères Touaregs, alertés à temps.

Tout donner à l'amour

La guerre de 1914 avait déstabilisé le Sahara pacifié. Les troupes françaises abandonnèrent le Hoggar pour aller combattre les Allemands. En Afrique saharienne, les populations musulmanes entrèrent en subversion, soulevées par les Touaregs dissidents.

En 1916, un rezzou de Touaregs attirés par le butin et l'espoir de faire de Foucauld un otage attaqua le fortin. L'ermite sans défense leur ouvrit. Pillage. Un fidèle donna l'alerte. Le désir de Charles alors s'accomplit. Il est abattu par erreur. Pauvre jusqu'au bout, il n'aura même pas les honneurs du martyr.

Cet épisode essentiel de sa vie peut se raconter comme suit :

À l'intérieur du fortin, trois coups résonnent à la porte. Il est 19 heures. Frère Charles n'est pas surpris : il attend les deux méharistes de Fort Motylinski. Il gagne le couloir d'entrée et, pour la forme, demande :

— Qui est là ?

— *El bochta !* (« le courrier ! »)

Tirant le verrou, Charles entrouvre la porte. Un obstacle mis à dessein pour la sécurité empêche l'ouverture complète. Il n'a aucune raison de se méfier. Par la porte entrebâillée, il tend la main pour prendre le courrier. Une poigne de fer le saisit aussitôt et tente de le tirer à l'extérieur. Comprenant qu'il a été trahi, il s'arc-boute. Alors, deux fellagas bondissent du fossé qui entoure le bordj. Prêtant main-forte à El Madani, le soi-disant courrier, ils tirent le marabout dehors. De toutes ses forces, Charles appelle au secours :

— *Marabout yemmoût !* (« le marabout se meurt ! »)

Trois fois, il lance cet appel. Personne n'y répond. Ils le garrottent mains liées derrière le dos aux chevilles, ce qui lui impose la position agenouillée, comme si les agresseurs avaient voulu lui accorder ce dernier bonheur, la posture de la prière. Mais ils ne songent qu'à l'humilier et cette position est la plus favorable pour le hisser sur un chameau. Ainsi immobilisé, il est jeté sur le sable, devant la porte. Au passage, il a reconnu ceux qui l'ont trahi, El Madani et Kerzou, qui guident maintenant les bandits à l'intérieur du fortin. Dans le même temps, deux des agresseurs foncent jusqu'au hameau voisin des Noirs Haratins, pour les neutraliser. Ils avisent Paul Embarek, dans sa case avec sa jeune femme qui vient de nourrir son bébé. Le couple achève son maigre souper. Épouvantés, ils s'attendent à être massacrés.

— C'est toi, Paul, le domestique du marabout ? Pourquoi te caches-tu ?

— Je ne me cache pas. Mon service finit à 6 heures.

— Viens voir de tes yeux ce qui se passe au fortin.

— Ce qui se passe est la volonté de Dieu.

— Assez parlé, Nègre. Suis-nous.

Comme ils l'emmènent, un homme du village passe au loin et, surpris, les interpelle. Paul lui crie :

— Sauve-toi ! Je suis entre les mains des autres.

L'homme s'enfuit, sous les menaces des fellagas. Il va prévenir le postier, qui loge au village. Rien n'est encore acquis. Quelques minutes plus tard, Paul, poussé par ses agresseurs, arrive devant le fortin. Il croit qu'on va l'exécuter. Mais un homme du rezzou le reconnaît et se porte garant pour lui. Paul n'est que l'esclave du marabout. Pas plus qu'un animal domestique, on n'exécute un esclave.

Précieuse nuance ! À la clarté des étoiles, Paul Embarek distingue frère Charles, à genoux sur le sol, muet, comme étranger à ce qui se passe, entouré de la meute hurlante. Récit de Paul : « Ils lui déchirèrent ses habits, lui crachèrent au visage. Chacun s'emparait d'une pièce. Il roula avec eux dans le fossé. »

On le remonte devant la porte du fortin. Les invectives et les coups pleuvent sur cet homme réduit à l'impuissance, qui n'est que compassion et amour. Puis viennent les questions précises :

— Où est la caravane sur laquelle tu comptais ? Où sont les soldats qui doivent te délivrer ? Parle, âne !

Charles demeure silencieux, le regard fixé devant lui. Ses lèvres remuent doucement. Il prie. Il sait que l'*heure est venue.* « Être aussi petit et pauvre que le fut Jésus. Silencieusement, secrètement, obscurément comme lui. Passer inconnu sur la terre, comme un voyageur dans la nuit, désarmé et muet devant l'injustice comme lui, l'agneau divin, me laissant tondre et immoler sans résister ni parler, et l'*heure venue*, l'imiter dans son chemin de croix et sa mort. »

À l'intérieur du fortin, on entend des cris de joie, mêlés de vociférations sauvages. Le pillage a commencé. À un geste des agresseurs, Paul Embarek s'est accroupi près du père et roule des yeux effarés. Les deux hommes qui ont amené Paul ont hâte d'y participer. Ils confient les deux prisonniers à un très jeune Targui âgé de 15 ans, qui prend position en face d'eux, le fusil braqué, mais peu sûr de lui.

Bientôt, on voit sortir du fortin des fellagas portant le butin : des sacs de blé, des caisses de cartouches et des fusils. Ils chargent les dromadaires qu'on a amenés devant la porte. Les pillards semblent déçus. Certes, les armes, les munitions et la nourriture sont une bénédiction d'Allah. Mais où est le trésor du marabout qu'on leur avait promis. Furieux, ils brisent tout à l'intérieur. Les livres, les précieux manuscrits sont jetés à terre et piétinés. C'est une envolée de milliers de feuillets du dictionnaire et des poésies, tout ce patient travail que frère

Charles a accumulé pour faire revivre un peuple : les Touaregs.

À l'extérieur, on injurie le marabout. Il demeure silencieux, les regardant sans haine. Le danger est en nous, et non dans nos ennemis. Ceux-ci ne peuvent que nous faire remporter des victoires. On le presse d'abjurer :

— Dis la formule ! La *chahada* !

Tout condamné à mort, chrétien ou païen, doit prononcer la *chahada*, c'est-à-dire renier son Dieu, pour se soumettre à Allah. C'est la règle. Ignorant l'injonction, frère Charles continue son dialogue avec le Christ. Pour lui, la dernière heure est une déclaration d'amour, une preuve de pur amour dans la nuit.

On le menace. Charles sait qu'il va mourir. Il murmure :

— *Bâghi n'moût !* C'est l'heure de ma mort.

Enfin, le moment tant désiré de rejoindre le Bien-Aimé est arrivé. Peut-être lui reviennent en mémoire ces mots qu'il écrivait à la Pentecôte 1897, à Nazareth : « Pense que tu dois mourir martyr, dépouillé de tout, étendu à terre, nu, méconnaissable, couvert de sang et de blessures, violemment et douloureusement tué, et désire que ce soit aujourd'hui. » Et le désir le comble, puisque « l'obéissance est la consommation de l'amour ».

Mais qui parle de mort ? Des fellagas sortent du fortin. Malgré l'absence de trésor, ils sont assez satisfaits. Le coup a réussi, le marabout est prisonnier, on en tirera une bonne rançon. Ils entourent frère Charles et le pressent de questions :

— Y a-t-il des militaires dans le bled ? Où sont les gens de Fort Moty ? Où est Moussa ? Dans l'Aïr ou dans l'Adrar ? Parle, âne !

Comme Charles ne répond pas, envahi par sa vision, on pose les mêmes questions à Paul Embarek qui, persuadé qu'on va le tuer, reste muet, terrorisé. Un Hartani, regagnant le village, passe dans le lit desséché de l'oued. Ils s'emparent de lui, le bousculent. Il tremble de peur.

— Y a-t-il des militaires au village ?

— Oui. Il y a deux goumiers de Fort Moty.

— Que font-ils à Tam ?

— Je ne sais pas. Ils sont venus ce matin pour affaire. Ils doivent quitter Tam ce soir pour Fort Moty. Peut-être sont-ils déjà partis.

Les choses se gâtent. Le chef des assaillants devient nerveux.

— Veillez, dit-il aux sentinelles. Et ne nous attardons pas.

Les hommes protestent. Ils veulent manger et boire. Les bêtes aussi doivent boire. Il faudra du temps pour tirer l'eau du puits. Ils rentrent à l'intérieur pour achever le pillage. Ils trouvent des bouteilles de vin de messe ! Plus rien ne les arrête.

Sous les étoiles indifférentes au drame, à l'extérieur du fortin, Charles et Paul Embarek restent seuls, face au jeune Targui à l'œil farouche. Cette paix apparente comble Charles. Il sait qu'il va mourir, et veut profiter de ce délai inespéré que le destin lui accorde pour s'y préparer. Tout ce qui se passe dans le fortin et alentour ne le concerne plus, il est déjà hors de ce monde. Une immense paix l'envahit. Il est enfin exaucé. Il va mourir martyr ! Sa vie est un échec, mais ne s'est-il pas, en tout, identifié au Bien-Aimé ? « Quand le grain de blé qui tombe en terre ne meurt pas, il reste seul. S'il meurt, il porte beaucoup de fruit. Je ne suis pas mort, aussi je suis seul ! Priez pour ma conversion, afin que, mourant, je porte du fruit. »

Les phrases cent fois ressassées se bousculent dans sa tête, pour faire enfin de lui ce qu'il a été de toute éternité. « Ô Jésus qui nous appelez avec une telle force à la souffrance, donnez-moi la foi qui me fasse y conformer ma vie par la pénitence, la souffrance et, si telle est votre volonté, par le martyre, et me donne ainsi la conformité avec vous. »

Un cri soudain retentit dans la nuit, venant des sentinelles que le chef du rezzou a placées aux alentours du fortin :

— Voilà les Arabes !

Ce sont les deux goumiers qui viennent, comme prévu, saluer le père de Foucauld avant de regagner Fort Motylinski. Venant du village, ils approchent lentement au pas balancé de leur bête, inconscients du péril de mort qui les guette. Car pas un Hartani n'a eu le courage ou la possibilité de les alerter. Le chef du rezzou fait un geste, dix coups de feu claquent dans la nuit. L'un des goumiers, tué sur le coup, s'effondre sur le sol. L'autre est indemne. Il tente de fuir. Mais son méhari est touché avant d'avoir pu parcourir cent mètres. À terre, l'homme est tué, criblé de balles et aussitôt dépouillé de ses armes et de ses vêtements.

Au milieu de la fusillade et de la confusion qui s'ensuit, personne n'a remarqué que le drame est accompli : Charles de Foucauld est mort.

Récit d'un témoin, Paul Embarek : « Prévoyant que les deux méharistes allaient être massacrés, le marabout fit un mouvement instinctif pour les alerter. Une vive fusillade éclata. Le jeune Targui commis à sa garde porta la bouche du canon de son fusil près de sa tête et fit feu, un coup porté de haut en bas, sous l'oreille. Le marabout s'appuya sur la main droite. Il ne bougea ni ne cria. Je ne le croyais pas blessé. Ce n'est que quelques minutes après que je vis le sang couler. Le corps glissa lentement en tombant sur le côté. Il était mort. »

Entrée sous l'oreille droite, la balle est sortie par l'œil gauche. Toute une symbolique pourrait être tirée de cette mort foudroyante. C'est par l'oreille que le vicomte Charles de Foucauld avait reçu la parole de Dieu qui l'avait converti. C'est par l'œil que frère Charles de Jésus entrait dans l'éternité en recevant la lumière incréée.

En sortant du crâne, la balle s'enfonça profondément dans la muraille du fortin. Pendant des années, le trou restera bien visible, jusqu'à ce que les mains ferventes des pèlerins en aient effacé la trace.

À la vue du corps, les bandits comprennent qu'ils ont échoué. Ils ne ramèneront pas à Agadès le marabout vivant et humilié pour servir d'otage à la conspiration politique des Sénoussistes. Il leur a échappé. Il est entré dans la lumière.

Tandis que les Haratins étaient requis pour puiser l'eau et abreuver les dromadaires, les fellagas passèrent la nuit à boire et à manger, puis s'assoupirent sous la garde de quelques sentinelles. Lorsque le jour se leva sur Tamanrasset, les dormeurs se dressèrent et reprirent leurs palabres pour savoir ce qu'on allait faire du corps de Charles de Foucauld. Aucun accord n'ayant été trouvé, ils le laissèrent nu et sanglant devant la porte du fortin.

Vers midi, après avoir menacé de mort les Haratins s'ils donnaient l'alerte, ils s'enfoncèrent dans le désert avec leur maigre butin. Lorsque le silence fut revenu sur Tamanrasset, Paul Embarek et les Noirs du village s'approchèrent du fortin, et trouvèrent le corps de Charles, déjà raide. Sans le délier de ses cordes, ils l'enterrèrent à même le sable dans un fossé du fortin, à quelques mètres de la porte, ainsi que les corps des trois soldats musulmans tués dans la bagarre. Se rappelant qu'il est d'usage d'enterrer les chrétiens dans un cercueil, ils disposèrent autour du corps de l'ermite, avant de remplir de sable la fosse, des planches de caisses. Puis Paul mura la porte du fortin pour éviter de nouveaux pillages et préserver les précieux manuscrits.

Le 21 décembre, un courrier ayant donné l'alerte à In Salah, le capitaine de La Roche mobilisa une partie de ses hommes et se dirigea sur Tamanrasset.

Ils découvrirent le fortin pillé, les livres, les écrits de Charles éparpillés mais intacts, et les carnets où frère Charles avait écrit sur la page de garde : « Vivre comme si je devais mourir aujourd'hui martyr » ; et trois lettres datées du 1er décembre 1916, destinées à Marie de Bondy, à Marie de Blic et à Massignon, cachetées et timbrées. Le sol était encore jonché des milliers de feuillets épars du dictionnaire et des poésies touarègues.

Dessin du camp de Tenia el-Anz (Algérie), 31 octobre 1885, par Charles de Foucauld.

Le message

Frère universel, modèle de charité

Sa vie semble un échec humain, mais à travers celui-ci triomphe le frère universel, qui ouvre la voie à sa famille spirituelle. En 1927 s'ouvre son procès de béatification ; le 26 mars 1967, Paul VI cite en exemple « le frère universel, modèle de charité ». En 1983, Jean-Paul II souligne la sainteté de sa vie. Il est béatifié le 1er novembre 2005, mesure ratifiée par le pape le 13 novembre.

Le sort du « petit frère des pauvres » s'achemine vers la canonisation, conduite par Mgr Maurice Bouvier, postulateur de la cause, puis par le père Pierre Ardura, le père Pierre Sourisseau demeurant l'archiviste incontournable de cette vie exceptionnelle.

Essayons de faire le point :

En 1925, Mgr Nouet, préfet apostolique de Ghardaïa, se déclare *actor* (demandeur) pour l'ouverture de la cause de béatification, préalable incontournable. À souligner que tous ses successeurs continueront à soutenir cette cause : Mgr Mercier, Mgr Raimbaud et Mgr Gagnon.

En 1925, le premier postulateur est le père Burtin, demeurant à Rome, selon la règle.

1927. Ouverture de son procès de béatification, retardée pour des raisons politiques. Le 16 février 1927, Mgr Nouet autorise des prières pour le succès de la cause et déclare ouvert le procès informatique ordinaire, en vue de recueillir les dépositions des témoins.

1947. Dépôt par le préfet apostolique de Ghardaïa des enquêtes diocésaines et des écrits de Foucauld. (Dépôt effectué au secrétariat de la Congrégation des rites, à Rome.) Trois censeurs sont désignés pour l'examen des écrits de Foucauld (ce « procès » durera jusqu'en 1968).

Mars 1952. Au nom de la Congrégation des rites, le cardinal *ponent* (rapporteur) présente un premier rapport sur les écrits de Foucauld. Le promoteur de la foi (procureur) formule ses critiques, la postulation y répond, et un avis favorable est donné pour la poursuite de la procédure.

6 novembre 1954. L'avocat de la postulation dépose sa réponse. Cependant, la guerre d'indépendance algérienne provoque la mise en sommeil de la procédure. Le 13 novembre 1956, Pie XII prononce un *dilata* (renvoi de la décision à plus tard). À noter qu'une lettre à Pie XII du 1er février 1949 du célèbre écrivain catholique Paul Claudel, de l'Académie française, pour appuyer sans réserve la cause de Foucauld, a jeté une certaine perturbation.

30 mars 1967. Paul VI autorise la procédure de béatification de Foucauld, « frère universel, modèle de charité ». Dans son encyclique *Populorium*

progressio, Paul VI cite en exemple celui « qui fut digne d'être appelé le frère universel ».

30 janvier 1968. La Congrégation romaine des rites conclut le procès des écrits de Foucauld et déclare que rien ne s'oppose à la poursuite de la procédure du serviteur de Dieu, un avis approuvé le 9 juin 1968 par Paul VI. Entre-temps, la Congrégation romaine pour la cause des saints signe le décret reconnaissant la pratique héroïque des vertus, sur avis unanime des théologiens chargés du dossier. Le débat s'ouvre alors pour l'introduction de la cause.

10 janvier 1978. Congrès spécial de cinq théologiens, qui approuvent l'introduction de la cause.

4 avril 1978. Le cardinal Garonne, *ponent* de la cause, fait adopter son décret d'introduction.

13 avril 1978. Après cet avis favorable, Paul VI autorise l'introduction de la cause auprès de la Congrégation pour la cause des saints, ce qui fait passer la procédure d'enquête à la phase romaine. Le décret *Ad Gentes* n° 6 précise : « Les prédicateurs de l'Évangile et ceux qui dialoguent avec les non-croyants peuvent imiter la méthode d'apostolat de Charles de Foucauld, qui s'appuie sur la tradition, en adoptant aussi sa compétence scientifique et son témoignage de vie évangélique. Foucauld a donné l'exemple d'un apostolat bien adapté aux besoins de notre siècle. [...] Bien que la prédication de l'Évangile soit le moyen principal de l'implantation de l'Église, chaque fois que les circonstances sont telles qu'il manque pour un temps la possibilité de

proposer directement et immédiatement le message évangélique, les missionnaires peuvent et doivent alors donner avec patience et prudence au moins le témoignage de la charité et de la bonté du Christ, en préparant ainsi les voies du Seigneur et en le rendant présent d'une certaine manière. »

« Cette voie-là est celle qu'a suivie Charles de Foucauld, qui, en étant caché dans la solitude du désert, contribua d'une façon excellente, non pas tellement avec des paroles prêchées, mais surtout avec la prière, l'offrande du sacrifice eucharistique, l'humble travail et l'exercice de la charité, et la pénitence, étant ainsi dépassées et enlevées les méfiances entre les peuples, à ce que soient préparées les voies du Christ qui vient et que l'adhésion à lui soit rendue plus facile. »

18 mai 1979. Décret de non-culte. Ouverture de la recherche concernant la renommée de sainteté, et miracles éventuels.

17 novembre 1979. Jean-Paul II dispense la postulation d'effectuer de nouvelles auditions de témoins, ce qui autorise la rédaction de la *positio*, ou exposé de la vie et des vertus du serviteur de Dieu.

1980. Mgr Bernard Jacqueline, nouveau postulateur, est chargé de préparer cette *positio*, sous la direction du bureau historico-hagiographique de la Congrégation romaine pour la cause des saints, document historique pour la reconnaissance de l'héroïcité des vertus.

12 janvier 1982. Déclaration de Mgr Jacqueline : « Je postule avec confiance la béatification de Charles de Foucauld. » On peut penser à juste titre, avec le père Congar, que « les phares que la main de Dieu a allumés au seuil du siècle atomique s'appellent Thérèse de Lisieux et Charles de Foucauld ».

Juillet 1985. Le nouveau postulateur, le père Marcel Martin, spiritain du séminaire français de Rome, déclare : « La cause reste en cours d'étude. » On prépare la *positio* sur l'héroïcité des vertus.

Juin 1990. Le père Martin, décédé, est remplacé comme postulateur par Mgr Maurice Bouvier, qui poursuit la rédaction de la *positio*, véritable biographie de Foucauld qui atteint maintenant sept cents pages.

Juillet 1995. Avec l'accord du père Baudouin, rapporteur de la cause, le postulateur dépose la *positio* auprès de la Congrégation romaine. La dernière étape avant la béatification exige un miracle réalisé par l'intermédiaire de Foucauld après sa mort. Des demandes de témoignages de guérisons miraculeuses sont lancées.

2002. Une guérison inexpliquée s'étant déclarée à Milan (une femme atteinte d'un cancer des os), guérison attribuée à Charles de Foucauld, une enquête est lancée, qui durera deux ans. Le 26 octobre 2004, un avis positif est donné par une commission de théologiens, confirmée le 7 décembre par la Congrégation pour la cause des saints.

20 décembre 2004. Un décret de reconnaissance du miracle par Jean-Paul II met positivement fin à la procédure de béatification. Le 12 février 2005, Jean-Paul II décide que la cérémonie de béatification aura lieu le 15 mai 2005, place Saint-Pierre à Rome.

Mais la mort de Jean-Paul II fait reporter cette cérémonie. Son successeur, Benoît XVI, décide que la béatification aura lieu à Rome le 11 juillet 2005, dans la basilique Saint-Pierre.

La béatification de Foucauld ouvrait tout naturellement sur sa canonisation. Où en est-on aujourd'hui ? Le moins que l'on puisse dire est que le secret est bien gardé…

Tombeau du Bienheureux Charles de Foucauld,
près de l'église des Pères blancs, à El Goléa (Algérie).
© DeAgostini/Leemage

Le père Charles de Foucauld en 1916.
© Leemage

L'héritage

Les nouvelles communautés

À la mort de Charles de Foucauld, en 1916, un seul de ses projets, l'Association (ou Union) vit le jour. Elle regroupa prêtres, religieux et laïcs.

En 1933 se créa la première communauté, les Petits Frères du Sacré-Cœur, à El Abiodh (Sud oranais). Autour de René Voillaume, se groupèrent Georges Gorée et d'autres « frères de la solitude ». Des Petites Sœurs du Sacré-Cœur se rassemblèrent la même année à Montpellier. En 1939, sœur Magdeleine fonda les Petites Sœurs de Jésus (non cloîtrées) en Algérie, puis au Tubet, en Provence.

En 1956, René Voillaume fonda dans le diocèse d'Aix-en-Provence les Petits Frères de l'Évangile, puis, en 1963, les Petites Sœurs.

Les fraternités issues de la pensée de Charles de Foucauld sont aujourd'hui en plein essor dans le monde. C'est bien le blé qui lève, né d'un grain enfoui dans le sable saharien en 1916. Pour donner un seul exemple, à la mort de sœur Magdeleine en 1991, sa fondation comptait 1 400 membres de soixante nationalités.

Aujourd'hui, congrégations et associations, religieuses et laïques prospèrent dans le monde, sans parler de l'association non confessionnelle, Les Amitiés Charles de Foucauld (7, rue Vauquelin, à Paris), qui œuvrent pour faire connaître et soutenir sa cause de béatification, et édite le bulletin trimestriel *Les Amitiés Charles de Foucauld*, dirigée par le père Pierre Sourisseau, auquel a succédé Laurent Touchagues.

Statue de Charles de Foucauld à Strasbourg.
© Philippe Matsas / Opale / Leemage

Les textes emblématiques

La prière du père de Foucauld

Mon Père, je m'abandonne à vous. Faites de moi ce qu'il vous plaira. Quoi que vous fassiez de moi, je vous remercie. Je suis prêt à tout, j'accepte tout, pourvu que votre volonté se fasse en moi, en toutes vos créatures, je ne désire rien d'autre, mon Père. Je remets mon âme entre vos mains. Je vous la donne, mon Dieu, avec tout l'amour de mon cœur, parce que je vous aime et que ce m'est un besoin d'amour de me donner, de me remettre entre vos mains sans mesure, avec une infinie confiance. Car vous êtes mon Père.

Quel que soit le motif pour lequel on nous tue, si nous, dans l'âme, nous recevons la mort, injuste ou cruelle, comme un don béni de votre main, si nous vous en remercions comme d'une douce grâce, d'une imitation bienheureuse de votre fin, si nous vous l'offrons comme un sacrifice offert de très bonne volonté, si nous ne résistons pas pour obéir à votre parole (*ne résistez pas au mal*) et à votre exemple (*il s'est laissé non seulement tondre mais égorger sans se plaindre*), alors, quel que soit le motif qu'on a de nous tuer, nous, nous mourrons dans le pur amour. [...] Et si ce n'est pas un martyre dans le sens strict du mot et aux yeux des hommes, c'en sera un à vos yeux, ce sera une très parfaite image de votre mort et une fin très amoureuse qui nous conduira au ciel. Car si nous n'avons pas dans ce cas offert notre sang pour notre foi, nous l'aurons de tout cœur livré pour votre amour.

Mon Seigneur Jésus, qui avez dit « personne n'a un plus grand amour que celui qui donne sa vie pour ses amis », je désire de tout mon cœur donner ma vie pour vous. Je vous le demande instamment. Toutefois, non ma volonté, mais la vôtre. Je vous offre ma vie, faites de moi ce qui vous plaira le plus. Faites que je meure en vous glorifiant le plus possible. Mon Dieu ! Pardonnez à mes ennemis, donnez-leur le salut, amen !

Notre-Seigneur est venu pour chercher ce qui est perdu. Il a laissé quatre-vingt-dix-neuf brebis qui sont au bercail pour courir après celle qui s'est égarée. Faisons comme lui. Et puisque nos prières sont une force, qu'elles sont certaines d'obtenir ce qu'elles demandent, courons par nos prières à la recherche des pécheurs, faisons par elles l'œuvre pour laquelle notre divin Époux est venu sur la terre.

Puisque la prière est presque le seul moyen puissant, étendu, que nous ayons pour leur faire du bien, pour aider notre Époux dans son travail, pour sauver ses enfants, pour tirer d'un péril mortel ceux qu'il aime passionnément et qu'il nous a, par ton testament, ordonné d'aimer comme lui-même les aime[1].

Autres écrits

Puisque vous êtes toujours avec nous par votre amour [...], que nous ne respirions que pour vous aimer.

Que nous vous consolions le plus possible pendant tous les instants de notre vie, voilà mon seul désir, mon bien-aimé Jésus ! Accomplissez-le en vous, par vous et pour vous.

Vous m'avez promis le ciel, votre vue, votre possession. Vous m'avez promis de me donner dès cette vie votre corps sacré en nourriture.

Voici vos promesses ; celles que vous me faites, non quelquefois dans la vie, mais à tout instant ; me promettant non la terre promise mais le royaume céleste, ne me prédisant pas une postérité bénie dans des termes obscurs, mais vous promettant clairement à moi à l'heure de ma mort, et vous offrant, dès maintenant, à moi chaque jour de ma vie.

1. *Écrits spirituels* (*Méditation sur l'Évangile*), J. de Gigord, 1937.

Rendons à Dieu ce qui est à Dieu, en lui rendant tout ce que nous sommes : corps, âme, pensées, paroles, actions, tout à lui seul, pour lui seul, en vue de lui seul.

Pour que Dieu mette de bonnes paroles sur nos lèvres, de bonnes inspirations dans nos cœurs, la bonne volonté dans les âmes de ceux à qui nous nous adressons, il faut la grâce de Dieu, et pour la recevoir, il faut la demander. Quel que soit notre genre de vie, prions beaucoup pour la conversion des pécheurs, puisque c'est pour eux surtout que Notre-Seigneur travaille, souffre et prie. Prions chaque jour de toute notre âme pour le salut et la sanctification de ces enfants égarés mais bien-aimés de Notre-Seigneur, afin qu'ils ne périssent pas mais soient heureux. Prions pour eux chaque jour longuement et de toute notre âme pour que le cœur de Notre-Seigneur soit consolé par leur conversion et réjoui par leur salut. Ayons donc soin de réserver chaque jour une grande place dans nos prières à l'intercession pour la conversion des pécheurs.

Nous devons nous efforcer de ne pas envoyer vers Dieu des prières isolées, mais de nous unir à un autre, à quelques autres, à beaucoup d'autres, soit d'âme, soit aussi de corps, pour demander à Dieu tout ce que nous voulons lui demander. L'union d'âme est la plus importante. Il ne suffit pas d'être ensemble, il faut demander la même chose, il faut que des deux cœurs une prière unique monte vers Dieu. La réunion des corps, quoique moins indispensable, est aussi infiniment utile, comme l'indique le verset suivant : « Lorsque deux ou trois sont réunis en mon nom, je suis au milieu d'eux. »

Quand nous avons quelque chose à demander à Dieu, cherchons donc à faire faire cette demande par le plus grand nombre d'âmes possible ; et cherchons à réunir quelques personnes, le plus grand nombre possible, qui se réunissent matériellement, en un ou plusieurs groupes et qui prient haut ou en silence en même temps pour obtenir de Dieu la même chose. Jésus sera au milieu d'elles et les exaucera certainement.

Il faut suivre cette voie, non seulement pour les demandes particulières qu'on a à faire, mais aussi et tout autant pour les générales. Il faut la suivre d'autant plus que ce qu'on a à demander est important. Ainsi, il faut faire tous ses efforts pour la suivre quand on prie pour tous les hommes, pour la sainte Église, pour la conversion des pécheurs, pour les intentions du Saint-Père, enfin pour tous ces objets essentiels qui doivent faire le fond de nos prières comme elles ont fait le fond de celles de Notre-Seigneur. C'est là plus que jamais qu'il faut nous réunir deux, ou le plus grand nombre possible, pour demander ensemble à Dieu, de tout notre cœur, haut ou en silence, ces grâces immenses que notre cœur comme celui de Notre-Seigneur brûlent de voir répandues sur la terre.

Seigneur Jésus, pardonnez-moi mes infidélités, mes lâchetés sans nombre ! Secourez-moi, Vierge Marie, sainte Magdeleine, bienheureuse Marguerite Marie ! Régnez en moi, cœur de Jésus, afin que je meure enfin à moi, au monde, à tout ce qui n'est pas vous et votre volonté, et que je rapporte du fruit pour votre gloire.

Il n'y a qu'un moyen infaillible de connaître la volonté divine, c'est par la direction spirituelle : ouvrir pleinement notre âme à un directeur consciencieux, instruit, intelligent, intérieur, sans parti pris, et prendre sa réponse comme la volonté divine du moment présent, en vertu de la promesse « qui vous écoute m'écoute ».

Quels désirs, quelles prières, quelles œuvres de miséricorde doivent remplir tous les instants de ma vie ! Mais pour bien remplir tous ces devoirs, la première condition c'est d'avoir la foi vive et constante que tout homme que je vois, c'est Jésus. Cette foi est indispensable, et plus elle sera vive, plus elle sera lumineuse, constante, sans défaillance, mieux je remplirai les devoirs d'amour qui en découlent, devoirs qui doivent entièrement transformer ma vie.

C'est un devoir d'obéissance, de justice et d'amour d'avoir dans la pratique cette nouvelle manière de voir, ce nouveau sens, qui nous fait en chaque homme voir Jésus. Supplions Notre-Seigneur de nous donner ce nouveau sens, cette seconde vue, de le voir toujours en chacun de ses enfants comme nous le devons : faire de chaque homme ce qu'on ferait pour Jésus. Il est important de ne jamais perdre cette vérité de vue et de voir toujours tout humain dans ce même esprit de foi.

Ma vocation est d'imiter le plus parfaitement possible Notre-Seigneur Jésus dans sa vie cachée de Nazareth. Parviendrai-je le mieux à ce but en recevant les saints ordres et en m'établissant comme ermite prêtre au sommet solitaire du mont des Béatitudes, ou bien en restant comme je suis ? Tout est là. Pour répondre à la question, je vais examiner les principales vertus que je dois pratiquer pour imiter Notre-Seigneur Jésus dans sa vie cachée et voir lequel des deux états leur est le plus favorable. Les mystères du saint Rosaire fournissent l'énumération de plusieurs de ces vertus : en premier, la foi en la parole de Dieu et de son Église se pratique également partout. Mais là, au mont des Béatitudes, dans le dénuement, l'isolement au milieu d'Arabes malveillants, j'aurai pour ne pas perdre courage besoin d'une foi ferme et constante à ces mots : « Cherchez le royaume de Dieu, le reste sera donné par surcroît. » « Par un cheveu de votre tête ne tombe sans ma volonté. » « Tout ce qui arrive est pour le bien de ceux qui aiment Dieu. »

Tout en évangélisant les pauvres, ne pas négliger les riches. Notre-Seigneur ne les négligea pas, saint Paul son imitateur non plus. Leur amélioration est un bien pour les pauvres eux-mêmes, à cause de leur influence. Leur sincérité est moins douteuse, et il y a moins à craindre qu'ils ne soient des « chrétiens de soupe » n'écoutant les vérités chrétiennes que par intérêt matériel.

Nous devons être les serviteurs de tous les hommes, de deux manières : en remplissant auprès de tous, à l'occasion, les services les plus abjects, les plus vils, des services de valets, ceux que Notre-Seigneur rendit à ses disciples en leur lavant les pieds, ceux qu'il rendit pendant toute sa vie cachée à ses parents, à Nazareth ; serviteurs en leur rendant tous les services possibles, dans leurs corps et dans leurs âmes, priant pour eux, leur donnant l'exemple, les instruisant, les dirigeant, les secourant dans leurs besoins, leur faisant l'aumône, les soignant, les défendant, enfin leur rendant tous les services qu'il est en notre pouvoir de leur rendre et que la sainte obéissance nous permet ou nous prescrit de rendre.

Nourrissons ceux qui ont faim, donnons à boire à ceux qui ont soif, donnons l'hospitalité aux étrangers, vêtons les nus, soignons les infirmes, secourons les prisonniers, consolons tous les malheureux, soulageons tous les pauvres, tous les souffrants, tous les besogneux, recueillons tous les abandonnés, enfants, vieillards, délaissés.

Faisons tout le bien possible, sans autres limites que celles de la sainte obéissance, aux corps, aux cœurs, et à plus forte raison aux âmes, dont les maladies et les indigences sont des sources de maux bien plus grands.

Ce sera faire du bien aux membres de Jésus, à des portions du corps de Jésus, dont tout homme est matière prochaine ou éloignée, et par conséquent à Jésus même, car « chaque fois que vous faites cela à un de ces petits, vous me le faites ».

Tout bien que nous pourrions faire à un homme et que nous ne lui faisons pas, c'est à Notre-Seigneur que nous négligeons de le faire. Il n'est pas dit : tout bien que nous refusons de faire, non ! Tout bien que nous ne faisons pas et que nous négligeons de faire.

Cet homme qui passe et qui est pauvre, nu, voyageur, souffrant, ne nous demande rien, mais il est membre de Jésus, portion de Jésus ; nous le laissons passer sans rien lui donner ce dont il a besoin, c'est une portion de Jésus, du corps de Jésus, c'est Jésus que nous avons laissé passer devant lui, voyant clairement qu'il avait mille besoins, pouvant le soulager, et ne le faisant pas.

Que vous êtes bon, mon Dieu, d'avoir donné à l'homme ce privilège d'amour, qui l'unit à vous comme à son époux, qui le fait ne vivre que de vous, pour vous, avec vous, sans cesse à vos pieds, comme un époux aimant et fidèle !

Que vos tabernacles sont chéris, Dieu des vertus ! Oh ! bien-aimé tabernacle, au pied duquel je passe par votre grâce de si douces heures, au pied duquel je me sens si loin de cette vallée de larmes, si près de mon bien-aimé Jésus ! Oh ! bien-aimé tabernacle qui s'ouvre si souvent pour mettre Jésus entre mes lèvres, pour me bénir par sa main !

Le passereau s'est trouvé une demeure et la tourterelle un nid. Que de fois j'ai répété ces mots auprès de votre autel, mon Dieu ! Soit dans le monde, après ma conversion, aux heures où dans le silence de vos églises je me recueillais à vos pieds loin des bruits de la terre, soit à la Trappe, où j'étais vraiment dans votre maison, protégé par de hautes murailles contre le monde, séparé de lui, caché dans le secret de votre face, et m'enivrant des voluptés de vos celliers, soit surtout ici dans ce doux nid de Nazareth, où vous m'avez si providentiellement, si merveilleusement, si miraculeusement préparé et donné une demeure, une maison, un nid, ce cloître de sainte Claire, si délicieusement doux, presque toute la journée le sanctuaire, à deux mètres de la sainte hostie.

Quelle reconnaissance je vous dois ! Comme je dois bien me garder de « séparer ce que Dieu a uni » et de sortir d'un nid où vous m'avez si visiblement mis dans votre propre main ! Et ce nid, c'est à Nazareth que vous me l'aviez préparé de toute éternité, dans votre ville, dans votre Nazareth. Vous avez voulu que je mène votre vie dans votre ville, entre ces coteaux qui vous ont vu et sur lesquels ont reposé vos yeux pendant trente ans, où vous avez mené cette vie cachée, que vous m'avez donnée comme tâche à remplir sur terre.

Mon Seigneur Jésus, comme il sera doux de penser encore toute cette journée à vous ! Toutes mes journées doivent y être occupées, travaillant, priant, parlant ; toujours, sauf quand je dors je puis et je dois penser à vous, vous regarder puisque vous êtes là. Je le fais bien mal, mais je désire tellement le mieux faire que j'espère y parvenir par votre grâce. Faites-moi cette grâce !

Mon Dieu, me voici à vos pieds dans ma cellule ; il fait nuit, tout se tait, tout dort ; je suis le seul peut-être, ce moment à Nazareth qui veille à vos pieds ! Qu'ai-je fait pour mériter cette grâce ?

Merci ! Que je suis heureux ! Je vous adore profondément, mon Dieu, je vous adore de toute mon âme et je vous aime de toutes les forces de mon cœur. Je suis à vous, à vous seul ; tout mon être est à vous. Il est à vous, nécessairement, malgré moi, et il est à vous volontairement, de tout mon cœur. Faites de moi ce qui vous plaira. Faites-moi faire cette retraite comme il vous plaira. « Soyez parfaits comme votre Père céleste est parfait », me répondez-vous. Et bien, mon Dieu, faites-moi faire cette retraite le plus parfaitement possible, en vous, par vous, et pour vous.

La vie de Charles de Foucauld en quelques dates

1858	15 septembre : naissance à Strasbourg.
1864	Mort de sa mère, puis de son père. Il est confié à ses grands-parents, les Morlet.
1871	Après l'occupation allemande, exode de Charles et des Morlet à Nancy.
1871-1874	Études secondaires de Charles au lycée de Nancy.
1874-1875	Charles étudiant chez les Jésuites de Paris. Perte de la foi.
1876-1878	Charles à l'école militaire de Saint-Cyr.
1878	Mort de son tuteur, le colonel de Morlet.
1878-1879	École de cavalerie de Saumur.
1879-1880	Sous-lieutenant au 4e hussards à Pont-à-Mousson.
1880	En garnison à Sétif (Algérie).
1881	Charles, mis en congé par l'armée pour indiscipline, se retire à Évian. Réintégré à sa demande, fait campagne en Algérie au 4e chasseurs d'Afrique.

1882	Il démissionne de l'armée pour explorer le Maroc.
1883-1884	Exploration du Maroc.
1885	Charles à Alger. Il s'intéresse au Sahara.
1886	Installation de Foucauld à Paris, 50, rue de Miromesnil. Conversion en l'église Saint-Augustin.
1888-1889	Pèlerinage en Terre sainte. Retraite à Solesmes, Soligny et Notre-Dame des Neiges. Il publie *Reconnaissance au Maroc*, fruit de son exploration.
1890	Charles novice cistercien à Notre-Dame des Neiges. Novice à la Trappe de Cheiklé (Akbès, Syrie).
1892	Vœux temporaires de cistercien. Donation de tous ses biens à sa sœur.
1896	Il rédige la première règle des Petits Frères de Jésus. Études théologiques à Rome.
1897	Les Cisterciens libèrent Foucauld de ses vœux. 2e voyage en Terre sainte. Domestique des Clarisses de Nazareth.
1898	*Écrits spirituels.* Les Clarisses de Jérusalem lui offrent d'être leur aumônier.
1899	Constitution des Petits Frères de Jésus.
1900	Rome. Retour en France. Préparation au sacerdoce à Notre-Dame des Neiges.
1901	Charles est ordonné prêtre du diocèse de Viviers. Installation à Beni Abbès.

1904 Première tournée d'apprivoisement avec Laperrine. Charles traduit l'Évangile en langue tamacheq.

1905 Charles à Beni Abbès. Rencontre de Lyautey. 1905 : *Méditations sur les Évangiles.* Deuxième tournée d'apprivoisement. Foucauld s'installe à Tamanrasset.

1908 Charles à Tamanrasset. Il découvre l'Asekrem. Achèvement du recueil de poésies touarègues.

1909 Séjour en France.

1910 Construction de l'ermitage à l'Asekrem.

1911 Séjour en France. Échec pour trouver des compagnons. Famine à Tamanrasset.

1913 Séjour en France avec le jeune Ouksem.

1914 Foucauld malade (scorbut et fièvres).

1915 Charles construit son fortin à Tamanrasset pour protéger la population contre les pillards.

1916 Charles s'installe au fortin. Le 1er décembre, il est assassiné devant son fortin par un rezzou sénoussiste.

1917 Le 15 décembre, Laperrine fait exhumer le corps de Foucauld. Il sera ultérieurement inhumé à El Goléa, son cœur restant à Tamanrasset.

1927 Début de son procès en béatification.

2001 24 avril : Jean-Paul II le déclare Vénérable.

2005 13 novembre : Benoît XVI le déclare Bienheureux.

Abécédaire

Amour : l'amour fut la grande préoccupation de Charles de Foucauld. Peut-être parce qu'il en fut privé dans son enfance, à la mort de ses parents. Dès lors, il courut d'amour en amour, de l'amour charnel à celui des armes, sans jamais s'en satisfaire. Jusqu'au jour où il découvrit qu'il n'est qu'un seul amour, celui de Dieu, incarné par le Christ.

Bondy : ce patronyme de Bondy signifie pour l'orphelin Foucauld toutes les formes de l'amour. Il a aimé sa cousine Marie Moitessier, future vicomtesse de Bondy, une figure lumineuse qui le conduira à Dieu.

Cyr : « Cyr », appellation familière de la célèbre école militaire de Saint-Cyr, où le poussait son tuteur le colonel de Morlet, fut à la fois pour Charles de Foucauld une chance et une nouvelle tentation qui faillit bien le perdre, en portant son ego à son paroxysme. Il y entra à 18 ans en 1876. L'adolescent hypersensible, replié sur lui-même, s'ouvrait au monde et ne rêvait, comme ses camarades, que de revanche sur la défaite française de 1870. Il était riche de son héritage familial, ce qui lui donnait un ascendant sur ses camarades moins fortunés. Lui-même reconnaîtra plus tard : « J'étais tout égoïsme, tout vanité, tout impiété, tout désir du mal. J'étais comme affolé. J'étais si libre, si jeune. De foi, il ne restait pas trace dans mon âme. » Il sortit honorablement noté de Saint-Cyr, ce qui lui permit d'entrer à la fameuse école de cavalerie de Saumur, où ses excès le firent à nouveau remarquer. Il termina le dernier, fatigué de tout, prêt à tout pour exister, enfin. « J'espère que ce rang [le dernier] ne vous suivra pas, monsieur ! » lui lança son colonel…

Dieu : l'idée même de Dieu a toujours hanté l'esprit de Charles. « Cherchez le royaume de Dieu, le reste sera donné par surcroît. » Il ne cessera de le chercher, de le trouver, puis de le perdre. Il le trouvera à l'abbaye cistercienne Notre-Dame des Neiges, qui lui donnera sa formation monastique, puis sacerdotale. Une communauté agricole pauvre et besogneuse l'avait admis comme novice en 1890. Il y trouva la vie trop facile, et se fit envoyer en Syrie, à la Trappe Notre-Dame d'Akbès. Vingt moines épris de solitude y avaient construit ce monastère dans un site sauvage, où l'hiver on entendait hurler les loups. Frère Charles, devenu frère Albéric, y prononça ses vœux temporaires en 1892. Mais il ne le trouvait pas assez pauvre. Le trouva-t-il dans le désert saharien, un désert habité par la présence divine ? Face aussi à la piété des peuples musulmans du désert, qu'il rencontrera lors de ses tournées militaires ? Ou au mont des Béatitudes ? Ou dans son ermitage de l'Asekrem, au cœur du Hoggar, forteresse naturelle des Touaregs ? « Se consumer dans l'adoration, dira-t-il, s'immoler avec le Christ pour le salut des hommes. Vivre à Tamanrasset sans pouvoir, sans avoir. Se diminuer pour finalement s'abolir, jusqu'à ce que le grain enfoui germe. »

Embareck : qui est donc ce personnage énigmatique, Paul Embareck, qui servit avec confiance le marabout de Tamanrasset ? Foucauld avait racheté à Beni Abbès et libéré cet esclave noir razzié au Soudan par des pirates. Devenu son catéchumène, il servit sa messe là où il n'y avait que des pierres et du vent. « Je lui suis comme lié », disait l'ermite. Par respect pour ses convictions, il ne le baptisa jamais.

Foucauld : un livre ne suffirait pas pour énumérer la saga des Foucauld. Bien que né à Strasbourg, Charles n'était pas d'origine alsacienne. Son père, François Édouard, vicomte de Foucauld de Pontbriand, appartenait à une famille du Périgord, d'ancienne chevalerie. Le nom de Foucauld se retrouve dans les archives depuis 970 : Hugues de Foucauld fait don d'une partie de ses biens à deux abbayes et se retire du monde dans un monastère. Un Bertrand de Foucauld accompagne saint Louis à la croisade et succombe à la bataille de Mansourah. Un Gabriel de Foucauld est délégué par le roi François II pour épouser par procuration la reine Marie Stuart. Jean III de Foucauld, chambellan du dauphin, assista au sacre de Reims, à côté de Jeanne d'Arc. Henri IV appelait Jean de Foucauld « son bon et bien assuré amy ». Il le nomma gouverneur du comté de Périgord et vicomte de Limoges. Armand de Foucauld de Pontbriand était chanoine de Meaux et grand vicaire de son cousin Jean-Marie du Lau, archevêque-prince d'Arles…

Guérin : Mgr Charles Guérin, vicaire apostolique du Sahara, résidait à Ghardaïa. En 1901, ce missionnaire, fils d'un archéologue orientaliste, n'avait que 29 ans. Professeur d'arabe et directeur du noviciat des Pères blancs de Maison-Carrée, l'archevêque d'Alger lui avait donné les pleins pouvoirs sur les immensités du Sahara. Les territoires sahariens du Nord dépendaient donc de lui. Tout n'était que lumière en lui. Une véritable amitié le lia aussitôt à Charles, dont il était le supérieur hiérarchique direct. Ils se reconnurent dans leur unique passion de Dieu. En Charles, il se reconnaissait aussi dans cette fascination pour l'islam, dont la source était d'abord mystique.

Huvelin : l'abbé Henri Huvelin, vicaire à l'église Saint-Augustin de Paris, avait pour devise : « On n'est jamais qu'au commencement de l'amour. » Il joua un rôle essentiel dans la conversion de Charles de Foucauld, et ne cessa ensuite de le conseiller dans ses tentatives hardies et parfois imprudentes. Âgé de 48 ans en 1886, il était issu de l'École normale de Paris. Agrégé de philosophie, licencié de grec et d'histoire, il avait achevé sa formation au séminaire français de Rome avec une licence de théologie. Dès 1864, professeur au petit séminaire de Paris, il était promis aux plus hautes fonctions dans l'Église. Mais là n'était pas sa voie. Renonçant aussi à une vocation monastique, ce mystique ascétique se retrouva avec bonheur dans la peau d'un simple vicaire de paroisse, où rapidement il s'imposa au confessionnal et en chaire. Les succès qu'il rencontra (outre Foucauld, il convertit notamment Littré) tenaient à la chaleur de son verbe, à sa foi brûlante et à son érudition. Malgré un état de santé délabré, il prêchait à Saint-Augustin.

On s'écrasait dans la vaste nef. Il donnait aussi des conférences aux jeunes. On venait chez lui, au 6, rue de Laborde, dans son petit appartement encombré de livres. On était d'abord surpris par sa rudesse, puis étonné de le voir pleurer avec son visiteur, participant à ses malheurs et déplorant ses turpitudes. Aux louanges, il répondait qu'il n'avait jamais converti personne : « Dieu seul convertit », disait-il. C'est par Marie et Inès Moitessier, dont il était le confesseur attitré, que Foucauld se risqua un jour à son confessionnal, le 30 octobre 1896. Charles se pencha vers lui, et, sans s'agenouiller : « Monsieur l'abbé, je ne viens pas pour une confession. Je n'ai pas la foi. Je désire seulement avoir quelques renseignements sur la religion catholique. – Vous n'avez pas la foi ? Vous vous trompez, mon enfant. Mettez-vous à genoux, confessez-vous à Dieu, et vous croirez. » On connaît la suite…

Jésus : dès l'enfance, Charles de Foucauld fut confronté au mystère de Jésus. Était-il vraiment le Christ, le fils du Dieu vivant, annoncé par les Écritures : le Messie ? Toute sa famille adhérait sans réserve à ce mystère, prêché dans les chaires des églises. Certains contestaient le terme de « fils *unique* de Dieu ». Pourquoi « unique » ? Qu'en savaient ces théologiens trop zélés à flatter le pouvoir en place ? Plus tard, le père de Foucauld, le marabout du désert, cessera de se poser cette question et tous ses écrits en témoignent, notamment ses *Méditations sur l'amour du cœur de Jésus*, où le conduit le témoin essentiel : saint Jean, le disciple aimé. Car Dieu est amour. Désormais, Foucauld adopte comme devise le cœur surmonté de la croix, avec *Jesus caritas* frappé en tête de ses lettres : « Mettez-moi avec vous au pied de la Croix de notre Dieu bien-aimé Jésus, faites-moi entrer dans votre adoration, votre douleur, faites-moi mourir avec vous au pied du Bien-Aimé qui meurt, en recevant son dernier regard, faites-moi me perdre dans un amour grand comme la mer, ne sachant plus rien, perdu, mourant au pied de mon Jésus expirant. Bien-Aimé qui êtes là mort pour moi sur cette Croix au pied de laquelle je me prosterne et je voudrais mourir ! » (*Méditation 519*). Il sera bientôt exhaussé.

Kerzou : le rebelle targui Kerzou était l'un des instigateurs du complot contre le marabout blanc de Tamanrasset, non pour le tuer, ce qui en ferait un martyr, mais pour le capturer et le conduire vivant à Agadès, pour le remettre au chef sénoussiste Kaoucem, qui saurait en tirer profit. Mais rien ne se déroula comme ils l'avaient prévu.

Laperrine : le colonel, bientôt général, Henri Laperrine de Hautpoul, commandant les territoires du Sud (dont le Sahara) était un ami fidèle de Foucauld. De deux ans son cadet, Laperrine, apparenté par sa mère à une branche des Foucauld, avait fait Saint-Cyr et Saumur dans une autre promotion que celle de Charles. Puis il l'avait rencontré en janvier 1882 à Mascara. Ce brillant officier, passionné de l'Afrique, servit au Sénégal, au Niger et au Sahara. En 1901, il commandait à In Salah le territoire des Oasis. Ancien élève indiscipliné des Dominicains, très croyant bien que non pratiquant, il avait d'abord été scandalisé par les frasques du sous-lieutenant de Foucauld. Mais tout les rapprochait. À In Salah, Laperrine rédigea cet ordre pour l'un de ses plus proches officiers, le lieutenant Nieger :

« Vous passerez par Beni Abbès. Vous irez voir Foucauld. Il fait le maçon, il se construit un ermitage dont il ne sort pas. Il ne mange pas, vit de la charité publique et trouve encore le moyen de racheter des esclaves venant du Maroc, pour les émanciper. Il a la tête dure. Il faut le décider à venir nous rejoindre, pour une tournée de pacification. » Laperrine n'avait même pas l'autorisation de l'armée. Charles n'avait pas non plus l'autorisation de Mgr Guérin. Tous deux passèrent outre. Pacificateur du Sahara, Laperrine ouvrit ainsi à Foucauld les voies interdites du Hoggar. Figure légendaire de l'armée d'Afrique, il avait son grade dans le regard, le geste à l'âme. Le désert était son royaume et sa passion. Ses hommes l'appelaient le Saharissime.

Nieger : officier français, adjoint de Laperrine, on le retrouve partout sur les traces de Foucauld, jadis comme lui officier de cavalerie. Le 13 janvier 1904, Nieger commande avec deux autres lieutenants les cent cinquante méharistes escortant une caravane de ravitaillement qui tente de rejoindre Laperrine dans le Sud. Foucauld les accompagne. Refusant le cheval que lui propose Nieger, il accepte l'ânesse qui porte sa tente-chapelle, mais il marche à pied comme un troupier ordinaire. Pendant l'hiver 1910, Charles reçoit à Tamanrasset la visite de Nieger, qui commande la petite garnison de Fort Motylinski, ultime protection de l'ermite que guettent les rezzou des Sénoussistes. En voici le récit : « Je t'offre l'hospitalité », dit Charles en riant. Il lui fit visiter son ermitage : « Tu vois, dit Foucauld à Nieger, c'est très confortable. Il y a de la place dans la chapelle, tu y coucheras. La marche de l'autel te servira d'oreiller. Lève-toi de bonne heure, je célèbre la messe à 5 heures. »

« Foucauld avait une volonté de fer, dit Nieger, mais c'est uniquement dans les moments de crise que surnageaient ses réflexes d'officier de cavalerie. » Plus tard, en 1912, le capitaine Nieger étudie le tracé d'un futur chemin de fer devant relier Oran au Tchad : le Transsaharien ! Mais verrait-il jamais le jour ?

Ouksem : ce jeune Touareg de bonne famille, fils de Chikat, chef des Touaregs Dag Rali, joua un rôle dans la vie de Foucauld, dont il devint presque le fils adoptif. Le 27 février 1913 arrive à Tamanrasset, venant des lointains pâturages, le jeune Ouksem, alors âgé de 22 ans. Charles s'intéresse à lui. Il écrit à Laperrine : « Il est intéressant, droit, sérieux. Je le traite comme mon enfant et il me montre le plus affectueux attachement. » À Marie de Bondy, Charles écrit : « Il est remarquablement bien, on peut espérer de sa part tout progrès. » Apparenté au chef des Dag Rali (les propriétaires sédentaires du sol), le jeune Ouksem était appelé à lui succéder. En 1913, Foucauld lui fit connaître la France. Le voyage commença à Toulon, où il visita le cuirassé *Condorcet*, guidé par l'enseigne de vaisseau Charles de Blic, neveu de Foucauld. Puis l'officier les reçut à déjeuner à bord de son torpilleur. La visite de la France dura trois mois – tous les châteaux de la famille y passèrent. Le jeune Targui revint transformé. Il ne jurait que par la France. En retrouvant l'Afrique, il aura ce mot désabusé : « Ici, beaucoup soleil, beaucoup sable, beaucoup pierres. Chemins pas jolis beaucoup. » Vite repris en main par les siens, il sera expédié à mille kilomètres en Adrar pour y surveiller les troupeaux.

Peyriguère : il fut l'un des premiers disciples de Foucauld. Il écrivit : « Sa vie est plus lui-même que ses paroles et ses écrits. » C'est dans cet esprit que se créèrent les premières fraternités. Dans les années 1920 se déclarèrent les premiers disciples-ermites : le père Henrion au Sud tunisien et le père Peyriguère au Sud marocain.

Regnault : officier français fasciné par le désert, on le retrouve partout, sous les ordres de Laperrine, soutenant Foucauld dans sa tâche surhumaine. Le capitaine Regnault avait construit sur le plateau de Beni Abbès un grand fortin, un bordj, « la Redoute », abritant trois compagnies de tirailleurs et une d'infanterie légère, environ huit cents soldats, dont deux cents Français métropolitains, tous passionnés par l'Afrique, hantés par le désert. Devant tant de beauté, de silence et de solitude, le cœur de Foucauld se mit à battre. Le désert pour l'adoration, l'oasis pour la charité. En 1901, il s'installa au bordj, chaleureusement accueilli par les jeunes officiers dont il était l'aumônier. Avant tout, il se voulait le serviteur de tous. Le capitaine Regnault lui détacha quelques tirailleurs algériens pour nettoyer les anciens puits et les deux sources. Puis ils lui édifièrent un ermitage rustique avec des pierres jointoyées de terre et des briques d'argile sèche. Le 1er décembre 1901, la chapelle Notre-Dame d'Afrique était terminée. Regnault défendait toujours « père Foucauld » contre ses entreprises trop risquées. En 1903, les combats font rage. Des Marocains fanatiques dévalent du Tafilalet et attaquent la palmeraie de Taghit. On déplore des morts et de nombreux blessés. Dès qu'il l'apprend, Foucauld demande un cheval, l'obtient, mais au moment de partir, un officier s'interpose. « On ne peut pas autoriser le père à partir sans escorte, il serait tué en route. » « Je passerai », réplique Foucauld. À ce moment, le capitaine Regnault intervient : « Laissez-le aller, il passera. Sans escorte, sans armes. Il peut traverser tout le pays soulevé. Personne ne portera la main sur lui. Khaouia Carlo est sacré. » En 1905, le général Lyautey, ayant fait des réserves sur un voyage de Foucauld sans escorte vers Alger, se vit répondre par Regnault : « Ne savez-vous pas, mon général, que père Foucauld n'a jamais besoin d'escorte ? Il peut passer seul sur son cheval à travers tous les rezzou sans crainte d'un coup de fusil. Les gens qu'il rencontrera baiseront le bas de son burnous en sollicitant sa baraka. Laissez-le partir. »

Susbielle : officier français lui aussi fasciné par le désert… et par son ancien camarade d'armes, Charles de Foucauld. Dans tous les postes militaires où Charles passe, l'accueil est chaleureux. Celui de l'oasis de Taghit le touche aux larmes. Menés par le chef de la garnison, le capitaine de Susbielle, qui deviendra son ami, quinze cavaliers *mokhazni* drapés s'avancent au galop dans un nuage de sable. Susbielle les a prévenus : « Celui que vous allez voir est un marabout français. Il vient vivre parmi vous et les pauvres du désert, pour y demeurer toujours. Recevez-le avec honneur ! » Foucauld se sentait très proche de certains officiers, comme Regnault ou Susbielle. Ce dernier raconte : « Nous nous asseyions par terre devant la fraternité, en face de la grande dune de sable et du grand silence du Sahara. Et là, nous passions des heures que je trouvais trop brèves. » Susbielle ne manquait pas de panache. En 1903, un rezzou attaque un détachement de tirailleurs algériens d'Adrar, faisant beaucoup de morts. À cent vingt kilomètres au nord, la palmeraie de Thagit, que commande Susbielle, se trouve aussi menacée. Le 2 septembre, un convoi escorté par la Légion est attaqué et décimé. Susbielle, appelé, le sauve de l'anéantissement total. De nombreux blessés sont transportés à Taghit. Malgré les mises en garde, Foucauld saute à cheval pour y jouer son rôle. Au milieu du parcours, il voit venir deux cavaliers envoyés par Susbielle : on l'attend pour assister les blessés et célébrer la messe.

Tourdes : Gabriel Tourdes, né à Strasbourg en 1857, fut l'un des rares amis d'enfance de Charles avec lequel il entretint une précieuse correspondance. Son père était médecin et devint le doyen de la faculté de médecine de Nancy. Garçon serviable, honnête, mais peu brillant, Gabriel Tourdes devint juge à Saint-Dié en mai 1891. Il resta le confident de Foucauld, moine cistercien déjà converti, qui lui écrit : « Te dire la paix et le calme dans lesquels je vis depuis que je suis au couvent est une chose impossible. Une paix dont rien ne donne l'idée. "Je vous laisse ma paix." Je la sens ici, paix inconnue du monde, que je n'étais pas venu chercher et dont je n'avais pas l'idée, mais que Dieu me donne dans sa bonté infinie » (*Lettres à un ami de lycée*, Nouvelle Cité, 1982).

Vallombrosa : ami de Charles de Foucauld, Antoine de Vallombrosa (bientôt marquis de Morès) est le fils cadet du richissime duc de Vallombrosa. En 1878, Foucauld était entré à l'école de cavalerie de Saumur, et dans sa chambre, prévue pour deux cadets, il avait pour compagnon ledit Vallombrosa. Hasard ou nécessité ? Les deux jeunes gens s'étaient déjà rencontrés chez les Jésuites, puis à Saint-Cyr en 1877. Grand, mince, athlétique, bon cavalier et sportif, celui que Foucauld appellera « Vallom » n'avait rien de commun avec lui, sinon la morgue aristocratique et le goût effréné de jouir et de dilapider l'héritage familial. Eut-il une influence néfaste sur Foucauld, qu'il reçut dans les somptueux châteaux de ses parents à Abondant et à Cannes ? Pourtant, rien n'est joué. Le 3 janvier 1879, Charles, patronné par Vallom, est admis à la Société de Saint-Vincent-de-Paul, qui s'occupe des pauvres de Saumur. Mais Vallom est perdu. Il va bientôt démissionner de l'armée et épousera une riche Américaine. Tombé dans un antisémitisme délirant, lancé dans de folles aventures d'explorations à travers le monde, il périra misérablement en plein désert africain, en 1892, assassiné par ses guides, des Touaregs Iforas, au cours d'une reconnaissance vers Rât. Informé, Foucauld, en tournée d'apprivoisement au Sahara, aurait murmuré : « Je vengerai Morès, pour qui je prie chaque jour. Au ciel, au sein de l'immense charité où il est noyé, il n'y a que prière et amour pour ces musulmans qui ont versé son sang et verseront peut-être le mien. Nous travaillons ensemble à la même œuvre de salut et d'amour. » Entre-temps, Vallom avait réussi à extorquer le quart de la fortune de Foucauld, qui devait l'accompagner dans ses folles aventures.

Bibliographie

Les citations réunies dans ce livre sont tirées de la correspondance de Charles de Foucauld et de ses écrits spirituels – repris par de nombreux éditeurs, depuis la biographie de René Bazin (Plon, 1921).

Citons seulement les anthologies des *Écrits spirituels*, présentées par Pierre Sourisseau, et l'édition intégrale (Nouvelle Cité, 1997), ainsi que les *Œuvres spirituelles : anthologie* (Éditions du Seuil, 1958).

Le *Bulletin* trimestriel des Amitiés Charles de Foucauld, où l'on trouve notamment les lettres de Mgr Maurice Bouvier, postulateur de la cause de béatification.

Références détaillées des œuvres de Charles de Foucauld dans notre biographie, *Charles de Foucauld* (Perrin, 2004).

Ouvrages du même auteur
(sélection)

Avec la collaboration attentive et permanente de son épouse Yvonne Anglade (Yvette Antier).

L'Amiral de Grasse, Plon, 1965 ; EMOM, 1971 ; Rombaldi, 1974 ; Ouest-France, 1994.

Marthe Robin. Le voyage immobile, Perrin, 1991 ; Tempus, 2006.

Alexis Carrel. La tentation de l'absolu, Éditions du Rocher, 1994.

Charles de Foucauld, Perrin, 1997 ; 2004.

La Vie de Jean Guitton, Perrin, 1999.

Thérèse d'Ávila, Perrin, 2003.

Le Curé d'Ars, Perrin, 2006.

C.G. Jung ou l'expérience du divin, Presses de la Renaissance, 2010.

Pierre Teilhard de Chardin, Presses de la Renaissance, 2012.

Une année avec Thérèse d'Ávila, Presses de la Renaissance, 2015.

Une année avec Charles de Foucauld, Presses de la Renaissance, 2016.

COLLECTION
LES GRANDES FIGURES DE LA SPIRITUALITÉ CHRÉTIENNE

1. Saint François d'Assise
2. Saint Augustin
3. Mère Teresa
4. Charles de Foucauld
5. Luther
6. Jean-Paul II
7. Saint Ignace de Loyola
8. Saint Louis
9. Saint Paul
10. Sainte Thérèse de Lisieux
11. Saint Benoît
12. Saint Nicolas
13. Calvin
14. Padre Pio
15. Sainte Thérèse d'Ávila
16. Saint Vincent de Paul
17. Saint Thomas d'Aquin
18. Bernadette Soubirous
19. Pierre Teilhard de Chardin
20. Sœur Emmanuelle
21. Jean XXIII
22. Saint François de Sales
23. Saint Jean de la Croix
24. Sainte Jeanne d'Arc
25. Saint Grégoire de Nazianze
26. Saint Bernard de Clairvaux
27. Catherine Labouré
28. Abbé Pierre
29. Saint Jean Chrysostome
30. Saint Martin de Tours
31. Saint Dominique
32. Marthe Robin
33. Saint Antoine de Padoue
34. Saint Jacques
35. Sainte Catherine de Sienne
36. Saint Curé d'Ars
37. Saint François Xavier
38. Sainte Geneviève
39. Don Bosco
40. Sainte Claire

Pour en savoir plus
sur les Presses de la Renaissance
(catalogue complet, auteurs, titres,
extraits de livres, revues de presse,
débats, conférences...),
vous pouvez consulter notre site Internet :

www.presses-renaissance.fr

Composé par Nord Compo Multimédia
7, rue de Fives, 59650 Villeneuve-d'Ascq